Internationales Management

Management Basics –
BWL für Studium und Karriere

Herausgegeben von
Werner Pepels

Band 20

Arnd Albrecht

Internationales Management

BWV · BERLINER
WISSENSCHAFTS-VERLAG

Bibliografische Information der Deutschen Nationalbibliothek

Die Deutsche Nationalbibliothek verzeichnet diese Publikation in der Deutschen
Nationalbibliografie; detaillierte bibliografische Daten sind im Internet
über http://dnb.d-nb.de abrufbar.

ISBN 978-3-8305-3715-1

© 2016 BWV • BERLINER WISSENSCHAFTS-VERLAG GmbH,
Markgrafenstraße 12–14, 10969 Berlin
E-Mail: bwv@bwv-verlag.de, Internet: http://www.bwv-verlag.de
Printed in Germany. Alle Rechte, auch die des Nachdrucks von Auszügen,
der photomechanischen Wiedergabe und der Übersetzung, vorbehalten.

Herausgebervorwort

Die Kurzlehrbuchreihe „Management Basics – BWL für Studium und Karriere" besteht aus 26 Bänden. Diese decken alle gängigen Inhalte im Lehrbereich Wirtschaft/Wirtschaftswissenschaften ab. Jeder Band ist dabei auf die Kerninhalte des jeweiligen Fachs konzentriert und schafft somit eine knappe, aber aussagefähige Darstellung der relevanten Lehrinhalte. Die Autorinnen und Autoren der Reihe haben Professuren an Hochschulen inne und verfügen ausnahmslos über langjährige Vorlesungs- und Prüfungserfahrung. Sie haben eine wissenschaftliche Ausbildung absolviert und weisen eigene fachpraktische Berufserfahrung vor. Daher sind sie in der Lage, in ihren Darstellungen sowohl akademischen wie auch anwendungsbezogenen Anforderungen zu genügen.

Jeder Band enthält zudem zahlreiche unterstützende didaktische Hilfsmittel wie:

- Übungsaufgaben mit Lösungsverweisen,
- kommentierte Literaturhinweise,
- umfassende Verzeichnisse zu Abkürzungen, Abbildungen, Stichwörtern,
- zahlreiche Praxisbeispiele,
- verständliche Formulierungen mit erklärten Fachbegriffen.

Jeder Band der Reihe vereint damit die Kennzeichen eines guten Lehrbuchs mit denen von Skripten. Vom Lehrbuch hat er die systematische, analytische Strukturierung, von Skripten seine anschauliche Aufmachung.

Diese Kurzlehrbuchreihe eignet sich damit hervorragend für alle BWL-/WiWi-Studierenden an Hochschulen für angewandte Wissenschaften und wissenschaftlichen Hochschulen, aber auch Berufsakademien, Verwaltungs- und Wirtschaftsakademien, IHK-Aufstiegsfortbildungen, HWK-Aufstiegsfortbildungen, Berufskollegs etc. Ihnen wird hiermit eine fundierte Vor- und Nachbereitung aller gängigen Veranstaltungen sowie eine abgesicherte Prüfungsvorbereitung zugänglich. Die Reihe eignet sich weiterhin bestens für Fach- und Führungskräfte in Industrie und Verwaltung, und zwar sowohl zur Aktualisierung des Wissensstandes als auch zur betriebswirtschaftlichen Fundierung für Quereinsteiger.

Damit eine solche komplexe Reihe entstehen kann, bedarf es vielfältiger Unterstützung. In erster Linie sei daher den beteiligten Autorinnen und Autoren gedankt. Ohne ihre kooperative Mitwirkung wäre diese Reihe gar nicht möglich gewesen.

Autorenvorwort

Es ist nicht vermessen zu behaupten, dass internationales Management die Königsdisziplin im Management ist. Warum hat Internationales Management in den letzten Jahren so an Bedeutung gewonnen? Wann ist meine Firma hinsichtlich des globalen Marktes gut aufgestellt? Was sind die entscheidenden „internen" Faktoren der Organisation? Welche Spieler auf dem globalen Markt sind wichtig, welche entscheidend? Warum ist die Kenntnis von internationalen Kontexten und globalen Treibern erfolgsentscheidend? Warum spielt das interkulturelle Führen und der internationale Handel eine herausragende Rolle und wird voraussichtlich noch wichtiger werden?

Das Buch soll in einer klaren Struktur die wichtigsten Komponenten von internationalem Management aufzeigen, erklären und deren Zusammenhänge vereinfacht darstellen. Dabei liegt dem Autor im Wesentlichen daran, nicht nur **Studierende**, die sich eingehend mit internationalem Management beschäftigen und davor stehen, internationale Aufgaben im internationalen Management zu übernehmen, sondern vor allem auch **Young Professionals** und **Business Professionals** auf den neuesten Wissensstand zu bringen und ihnen grundlegende Prinzipien und Analysemethoden wieder ins Gedächtnis zu rufen.

Anhand anschaulicher Darstellungen und neuer Modelle, die, wenn nicht anders ausgewiesen, vom Autor selbst stammen, kann das Buch in kürzester Zeit durchgelesen oder kapitelweise als „Update" benutzt werden. Somit wird einerseits die Komplexität reduziert und werden andererseits neue Trends und der State of the Art im Internationalen Management aufgezeigt.

Bilder prägen sich besser ein als das geschriebene Wort. Deshalb fungiert der Text als zusätzliche Erklärung. Die **Abbildungen** dienen hier primär als Leitfaden und Inhalt. Unterstützt werden die Abbildungen durch **Merkboxen**, die wichtige Begriffe näher erläutern. Beide erleichtern gleichzeitig das Lernen und Nachschlagen. Sie unterstützen auch beim Auffrischen des gesamten Stoffes oder von Teilbereichen.

Auf ein durchgehendes Fallbeispiel oder auf zahlreiche „Case Studies" zu jedem Unterpunkt wurde bewusst verzichtet, da Fallbeispiele erstens an Aktualität schnell verlieren und zweitens selten die gesamte Wahrheit abbilden, d. h. oft positiv oder negativ geschönt werden, um sie einfacher bearbeiten zu können.

Das ganze Buch ist **aus der Sicht** eines **internationalen Managers** geschrieben.

Nur die essenziellen Literatur- und Quellenverweise wurden in den Text aufgenommen, um das Lernen und die schnelle Aufnahme nicht zu stören.

In diesem Buch wird auch neuen Trends Rechnung getragen: Globale Trends, internationale Eintrittsstrategien, neue Zielmärkte wie Afrika, neues Luxusverständnis, internationale Business-Ethik/Corporate Social Responsibility (CSR), multinationale Kooperationen, internationales Personalmanagement, Generation X/Y/Z, Führung virtueller Teams, Industry 4.0 sowie Einsatz von Social Media, E-Commerce, Scrum-Methodik u.a. werden im internationalen Kontext angesprochen.

Das Buch beginnt im ersten Teil (GRUNDLAGEN: INTERNATIONALES MANAGEMENT) mit einer kurzen Einführung in das gesamte Thema Internationales Management. Es bedient sich zweier Beispiele, um einerseits die Komplexität zu zeigen, andererseits den Bogen über alle notwendigen Bereiche zu spannen.

Danach wird aus Sicht des internationalen Managers der Blick auf die Ist-Situation gerichtet (DIE ORGANISATION IM INTERNATIONALEN MANAGEMENT), um sich seiner Ressourcen in Hinblick auf eine mögliche Reaktion oder Veränderung hinsichtlich einer neuen internationalen Positionierung, Markteintrittsstrategie, Führungskonzept usw. bewusst zu werden.

Wichtig für den internationalen Manager ist es, sich der Stärken und Schwächen seiner Organisation/seines Unternehmens bewusst zu werden (INTERNE ANALYSE: INTERNATIONALES MANAGEMENT): Sie zeigen, ob und inwieweit das Unternehmen international aufgestellt ist.

Um eine internationale Strategie abzuleiten, muss eine externe Analyse des Umfeldes erfolgen (EXTERNE ANALYSE: INTERNATIONALES MANAGEMENT): Entscheidend sind die Ergebnisse, in welchem Umfeld sich die Organisation bewegt und mit welchen Einflüssen sie rechnen muss.

Im folgenden kurzen Kapitel werden die Analyseergebnisse aufbereitet und in einer SWOT-Matrix zusammengefasst (ERGEBNIS INTERNER UND EXTERNER ANALYSEN).

Im Abschnitt Globalisierung (GLOBALISIERUNG UND INTERNATIONALISIERUNG) wird den größten Einflussfaktoren Rechnung getragen, die das internationale Geschäft beeinflussen (können).

Die Umsetzung von Business in einem internationalen Kontext basierend auf der internen und externen Analyse hinsichtlich internationaler Strategien steht im nächsten Abschnitt zur Diskussion (INTERNATIONALISIERUNGSSTRA-TEGIEN).

Das Puzzle wird weiter zusammengesetzt und neben den internen und externen Analysen nun die Information über globale Märkte und Strategien und die Führung einer Organisation im internationalen Umfeld umgesetzt (INTERNATIONALE UNTERNEHMENSFÜHRUNG).

Im vorletzten Abschnitt wird schließlich die Übersetzung der strategischen und operationalen Notwendigkeiten vom internationalen Management auf die Führung von Menschen übertragen, also Mitarbeitern, Kollegen, Kunden, Partnern usw. (INTERNATIONAL LEADERSHIP). Dabei stellt der Aspekt des interkulturellen Management einen Schwerpunkt dar.

Im letzten Abschnitt sind Sie dann nochmals gefragt. Hier können Sie Ihr Erlerntes abfragen und selbstdidaktisch Ihr Verständnis überprüfen und festigen. Sie können das letzte Kapitel auch als „internationales Management im Schnellkurs" betrachten. Es enthält die wichtigsten Begriffe und Themen zum schnellen Nachschlagen und Auffrischen.

Nach dem Durcharbeiten dieses Buches sollten Sie die wichtigsten Handwerkszeuge erlernt haben, um internationales Management zu verstehen und anzuwenden.

Viel Erfolg!

Arnd Albrecht

Konstanz, August 2016

Inhaltsübersicht

INTERNATIONALE UNTERNEHMENSFÜHRUNG   137

INTERNATIONAL LEADERSHIP   155

Inhaltsverzeichnis

EXTERNE ANALYSE: INTERNATIONALES MANAGEMENT   71

ERGEBNIS INTERNER UND EXTERNER ANALYSEN   91

Abbildungsverzeichnis

Merkboxverzeichnis

Abkürzungsverzeichnis

3PL	Third Part Logistics
A	Österreich
A-Analyse	Albrecht-Analyse
ACI	Activity Index
AIDS	Acquired Immune Deficiency Syndrome
ARGE	Arbeitsgemeinschaft
AUS	Australien
B	Belgien
B2B	Business to Business
B2C	Business to Customer/Consumer
BCG	Boston Consulting Group
BIP	Bruttoinlandsprodukt
BRA	Brasilien
BSC	Balance Scorecard
BWL	Betriebswirtschaftslehre
C2C	Client to Client
CAN	Kanada
CEO	Chief Executive Officer = Geschäftsführer (GF)
CH	Schweiz
CHN	China
CI	Corporate Identity
CRM	Customer Relation Management (Kundenbeziehungsmanagement)
CSF	Critical Success Factor
CSR	Corporate Social Responsibility
DACH	Bezeichnung für die Region Deutschland, Österreich und Schweiz
DK	Dänemark
DNA	Deoxyribonucleic Acid (deutsch: DNS)

DNS	Desoxyribonukleinsäure
DoD	Definition of Done
ECI	Explicite Corporate Identity
EMEA	Europe, the Middle East and Africa (Europa, Naher Osten und Afrika)
EOP	End of Production
EQ	Emotionaler Quotient
ERP	Enterprise Ressource Planing (System)
F	Frankreich
F2F	Face to Face (Meeting)
F&E	Forschung und Entwicklung
FEFO	First Expired – First Out
FIFO	First In – First Out
FILO	First In – Last Out
FDI	Foreign Direct Investment (Direkte ausländische Investitionen)
FIN	Finnland
FTE	Full Time Equivalent
GB	Großbritannien
GE	General Electric
GenGap	Generations Gap (Generationsunterschiede im Arbeitsalltag)
GF	Geschäftsführer = Chief Executive Officer (CEO)
GlAc	Global Accessibility
GPS	Global Positioning System (Globales Positionsbestimmungssystem)
GR	Griechenland
HC	Human Capital
HIFO	Highest In – First Out
HIV	Human Immune Deficiency Virus
HK	Hongkong
HQ	Headquarters

HR	Human Resource
HRM	Human Resource Management
HRLC	Human Resource Life Cycle (Personallebenszyklus)
HRT	Human Resource Turnover
I	Italien
IC	Intellectual Capital
ICI	Implicite Corporate Identity
IDV	Individualism versus Collectivism (Kulturdimension von Hofstede)
ILC	Industry Life Cycle (Industrielebenszyklus)
InterCon	Interkonnektivität
IM	Informationsmanagement
IND	Indien
IP	Intermediärprodukt
IRE	Irland
IHRM	International Human Resource Management
IRN	Iran
ISCM	International Supply Chain Management
ISO	International Organization for Standardization
IT	Informationstechnologie
IVR	Indulgence versus Restraint (Kulturdimension von Hofstede)
J-Complex	Job-Komplexität
JPN	Japan
Kfz	Kraftfahrzeug
KOR	Südkorea
KPI	Key Performance Indicator (Schlüsselkennzahlen, Leistungskennzahlen)
KMU	Kleine und mittelständische Unternehmen (englisch: SME)
LIFO	Last In – First Out
LLL	Life Long Learning (Lebenslanges Lernen)

LOFO	Lowest In – First Out
Lkw	Lastkraftwagen
LTO	Long-Term Orientation (Kulturdimension von Hofstede)
M&A	Mergers & Acquisition
M&S	Marketing und Sales
M2C	Machine to Customer
M2M	Machine to Machine
MA	Mitarbeiter
MAS	Masculinity versus Femininity (Kulturdimension von Hofstede)
MAY	Malaysia
MBA	Master of Business Administration
MbO	Management by Objectives (Führen nach Zielen)
MEX	Mexiko
MOST	Mission – Objectives – Strategies – Tactics
NGO	Non-governmental Organisation (regierungsunabhängige Organisation)
NL	Niederlande
NOR	Norwegen
NZ	Neuseeland
P2M	Performance/Patents to Market
P5F	Porter's 5-Forces
PAK	Pakistan
PbC	Performance by Competition
PDI	Power Distance Index (Kulturdimension von Hofstede)
PESTLE	Political – Economical – Strategical – Technological – Legal – Environmental
PHI	Philippinen
PL	Polen
PLC	Product Life Cycle (Produktlebenszyklus)
POM	Product Operations Market

PrP	Performance related Pay (leistungsabhängige Vergütung)
R&D	Research and Development (Forschung und Entwicklung = F&E)
ROI	Return on Investment
R&R	Roles and Responsibilities
RUS	Russland
R&V	Rollen und Verantwortlichkeiten
S	Schweden
SCM	Supply Chain Management
SIN	Singapur
SME	Small Medium Sized Enterprises (deutsch: KMU)
SOP	Standard Operating Procedure (Prozessablaufbeschreibungen)
SOP	Start of Production
SP	Spanien
SSC	Shared Service Center
SWOT	Strengths-Weaknesses-Opportunities-Threats (Stärken-Schwächen-Chancen-Risiken)-Matrix
T2M	Time to Market
THA	Thailand
TM	Trademark
TR	Türkei
UAI	Uncertainty Avoidance (Kulturdimension von Hofstede)
UK	United Kingdom (Vereinigtes Königreich)
USA	Vereinigte Staaten von Amerika
USP	Unique Selling Proposition (Alleinstellungsmerkmal)
VR	Virtuelle Realität
vs.	versus
VT	Vietnam
WLB	Work-Life-Balance
ZP	Zwischenprodukt

GRUNDLAGEN: INTERNATIONALES MANAGEMENT

1 Einführung

Warum ist internationales Management so bedeutsam?

Im Prinzip werden alle bekannten Managementgrundsätze in ein internationales Bild gesetzt. Aus der Praxis wissen wir, dass Einzelfaktoren und Einzeldisziplinen (Marketing, Controlling usw.) leichter zu verstehen sind, jedoch bildet dies schon lange nicht mehr die Realität ab. Gerade die Komplexität und die vielen Schnittstellen im globalen Kontext sind die neuen Aufgaben für den internationalen Manager. Hier beginnen die Herausforderungen, da sich nicht nur bilaterale, sondern multiple Beziehungen ergeben. Diese Abhängigkeiten und Verflechtungen sind auf den ersten Blick oft nur schwer oder gar nicht zu erkennen.

Anhand von zwei Beispielen lässt sich das verdeutlichen:

Beispiel 1: Internationale Lieferketten

Während man in einzelnen Industrien noch Zusammenhänge erkennen kann, wird das bei globalen Lieferketten zunehmend schwieriger.

Im Jahr 2007 hatte die mittelständische Chemiefirma X in Deutschland große Schwierigkeiten, ihre Güter zum Kunden zu versenden. Der Grund dafür hätte sein können:

- Produktionsprobleme
- Produkteigenschaftsveränderung
- Schlechtes Supply Chain Management (SCM)
- Schlechte Lagerverwaltung
- Schlechte Logistikterminierung
- Probleme beim Kunden
- Streik der Logistikunternehmer
- Externe Bedrohungen (Krieg, Naturkatastrophen, Piraterie, politische Instabilität, Korruption usw.)

Tatsächlich waren aber zu wenig Lastkraftwagen (Lkw) verfügbar. Die Ursache dafür war, dass die Speditionsunternehmen in ganz Europa ausgelastet waren. Der Grund wiederum dafür war, dass für Speditionsunternehmer keine neuen Fahrzeuge (Lkws) erhältlich waren. Auf die eigene Lkw-Flotte konnte nicht mehr zurückgegriffen werden, da man sie zwei Jahre davor als Nichtkerngeschäft eingeordnet und deshalb verkauft hatte.

Was war jedoch der eigentliche Grund für die Verknappung von Lkws? Lkws konnten nicht produziert werden, da es Lieferengpässe (bis zu 1,5 Jahren) gab. Diese wiederum waren auf eine Verknappung von Rohstoffen zurückzuführen, nämlich einer erhöhten Stahl- und Metallnachfrage. Diese wiederum wurde von China ausgelöst, das in der Mitte der ersten Dekade dieses Jahrtausends ein Wirtschaftswachstum von mehr als 10% hatte. Der Stahl wurde stärker von China nachgefragt und war für Europa schlechter zugänglich. Gleiches lässt sich für andere Zusammenhänge darstellen. Oft ist der Einfluss von Rohstoffen auf Produkte extrem groß! Da früher lokale Märkte vordergründig auch für nationale Unternehmen standen, ist die **Interkonnektivität** und **Interdependenz** eine der typischen Faktoren der Globalisierung (siehe Kapitel 1.1, 1.2, 3, 4, 5). Man spricht von einer Impakt-Skalierung:

Was ist eine Impakt-Skalierung? Anhand der Abbildung 1 lässt sich das leicht verdeutlichen!

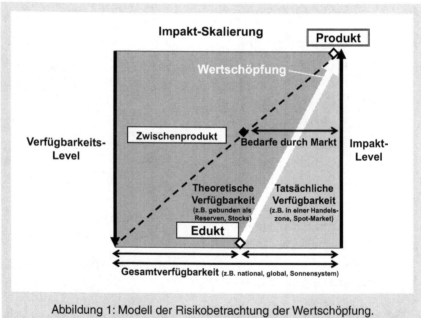

Abbildung 1: Modell der Risikobetrachtung der Wertschöpfung.
Verfügbarkeit versus Impakt-Level in der Wertschöpfungskette in Abhängigkeit von marktabhängigen Bedarfen (eigene Darstellung).

Man betrachtet innerhalb einer Wertschöpfungskette sowohl die Ausgangsstoffe (Edukte) als auch die Zwischenprodukte (Intermediärprodukte) und das finale Produkt (Handelserzeugnis). Messfaktor ist die jeweilige Verfügbarkeit (gesamt-theoretische und tatsächliche Verfügbarkeit). Daraus lässt sich direkt das Impakt-Level ermitteln (Abbildung 1).

Was hat das mit internationalem Management zu tun? Alle Engpässe und Konflikte bezüglich der Rohstoffe und Produkte sowie das Verwalten und Bereitstellen von Ressourcen im Management basieren auf genau dieser Überlegung. Wenn die Faktoren gesamtheitlich erfasst worden sind, können sowohl die Ursachen als auch die Treiber analysiert werden. Leider werden allzu oft (nicht nur von Studierenden, sondern auch von erfahrenen Managern!) aufgrund von unzureichenden oder ungenügenden Analysen wesentliche Faktoren oder Interessengruppen (**Stakeholder**) vergessen.

Die immer komplexer werdende Weltwirtschaft macht es allerdings oft schwer, die Übersicht zu behalten: In einer Wertschöpfung mit vielen Zwischenprodukten, die voneinander abhängig sind, kann jedes für sich eventuell von jeweils unterschiedlichen Faktoren beeinflusst werden (Abbildung 2)!

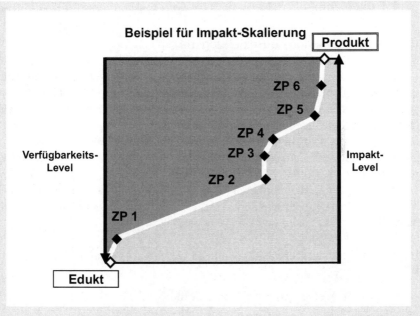

Abbildung 2: Beispiel für eine Risikobetrachtung.
Risikobetrachtung der einzelnen Zwischenprodukte (ZP)
entlang der Wertschöpfungskette. Verfügbarkeit versus Impakt-Level in der
Wertschöpfungskette in Abhängigkeit von marktabhängigen Bedarfen
(eigene Darstellung).

Box 1: Stakeholder

Stakeholder* sind Einzelpersonen, Gruppen, Teams, Verbände oder andere Organisationen, die an bestimmten Personen, Dingen, Themen und/oder Projekten ein Interesse haben oder daran beteiligt oder davon betroffen sind (siehe auch Kapitel 2.9).

* eingedeutscht: Der Stakeholder (Singular, männlich), die Stakeholder (Plural).

Fragen zum Thema:

- Stellen Sie anhand von Rohstoffen (Seltene Erden) eine Impakt-Skalierung dar und erklären Sie diese!
- Vergleichen Sie: Was hat sich gegenüber der Vergangenheit bezüglich der Produktentstehung verändert – denken Sie an globale Faktoren!
- Überlegen Sie: Was sind die kritischen Erfolgsfaktoren, um heute ein Produkt erfolgreich zu produzieren und auf dem Markt zu positionieren?

Beispiel 2: Internationale Beziehungen

Der Erfolg internationaler Beziehungen und globalen Handels hängt in erster Linie vom perfekten Zusammenspiel der Partner ab. Betrachtet man die heutigen Geschäftsbeziehungen, erkennt man, dass immer stärker Partner verschiedenartigster kultureller Wurzeln miteinander in Kontakt treten (müssen) (Kulturdefinitionen siehe Kapitel 12). Trotz Globalisierung und damit stärkerer Verknüpfung, vor allem durch neue und schnellere Kommunikationswege (siehe Interkonnektivität, Abbildung 3), führt es nicht immer zu einem stärkeren Verständnis der anderen Verhandlungspartei. Ganz im Gegenteil, es entstehen Missverständnisse im höheren Maße, da die Geschäftsleute nicht nur einer höheren Kontaktfrequenz, sondern vor allem in zunehmendem Maße einem höheren Stressniveau ausgesetzt sind (Cooper, 1998).

Interkulturelle Unterschiede können auch Geschmacks- und Verhaltensunterschiede bedingen wie

- **Visuell**: Weiße Farbe für Trauer in Indien, für Festlichkeit und Freude in Europa.
- **Olfaktorisch**: Parfümkomponenten wie Rosenwasser in arabisch-asiatischen Ländern, Lavendel-Duft im mediterranen Gebieten.
- **Gustatorisch**: Ulisimali (rohes, fermentiertes Robbenfleisch) in Island, Pinyin pidan, das „tausendjährige Ei" (fermentiertes Ei) oder gedünstete Gänsefüße in Asien.

- **Phonetisch**: Die Zahl 4, die im asiatischen Raum phonetisch klingt wie der „Tod" (Homophonie von *shi)*, während die Zahl 8 *ba* phonetisch an *fa* für „voran" erinnert.[1]
- **Kommunikationsverhalten**: Lange Pausen im Gespräch und in der Diskussion bei Finnen und Japanern, überlappende Konversationsgänge in Italien und anderen südeuropäischen und lateinamerikanischen Ländern.

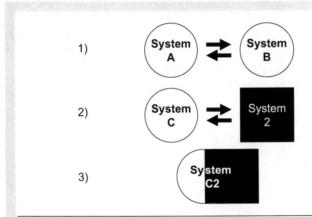

Interkonnektivität (Interconnectivity) beschreibt die immer stärkere Verzahnung von mindestens zwei unterschiedlichen Technologien oder Medien:

1) Das können im einfachsten Fall Verbindungen von zwei Computersystemen sein, z.B. Smartphone mit Unterhaltungs- und Steuerungskonsole im Auto (Data-Interface).

2) Im komplexen Fall die Verbindung des Gehirns / der Nerven des Menschen mit Daten prozessierenden Computersystemen (Neuro-Engineering).

3) Eine weitere Komplexierung würde erfolgen, wenn die Systeme miteinander verschmelzen, also die Entfernung einer Komponente zur Funktionsunfähigkeit führen würde.

Abbildung 3: Die drei Stufen der Interkonnektivität (eigene Darstellung)

---

1 Phonetik und Schreibweise der symbolträchtigen Zahlen vier und acht im asiatischen Raum.

sì 四, chinesisch: vier; phonetisch ähnlich zu sǐ = Tod.

sǐ 死 [死], chinesisch: Tod, Exitus.

bā 八, chinesisch: acht; phonetisch ähnlich zu fā = hervorbringen.

fā 发, chinesisch: hervorbringen, etwas (voran) entwickeln.

Jeder Leser weiß, wie schnell man schon beim Besuch oder im Urlaub in einer fremden Kultur „in Fettnäpfchen" treten kann. Warum ist das im Geschäftsleben so gefährlich? Und warum ist das möglich, wo doch eigentlich jeder durch breiten Informationszugang durch unsere Medien gut informiert sein sollte?

Verhaltensmuster werden stark durch Tradition, Wertvorstellungen, Normen und Religion geprägt. Ein Produkt, ein Service oder eine schlichte Verhandlung führen dazu, dass Missverständnisse genau dadurch entstehen, dass falsche Interpretationen und emotionale Muster abgerufen werden. Im Kapitel 12.2 werden diese Teufelskreise dargestellt. Möglicherweise werden Produkte wegen ihres Namens oder Aussehens nicht gekauft. Möglicherweise ruft der Name Pi-pi^{TM} der gelben in durchsichtigen Flaschen abgefüllten kroatischen Limonade in Deutschland andere Assoziationen hervor.

B2B =	**Business to Business**
	Geschäftsbeziehungen in einer Wertschöpfungskette, inkludiert auch Serviceindustrie, z.B. Hersteller von Treibstofftanks für Kfz als Automobilzulieferer.
B2C =	**Business to Client:**
	B2C(u) = **Business to Customer**
	Geschäftsbeziehungen zum Kunden, der aber nicht Endkonsument ist, z.B. eine Pharmafirma zum Arzt, der wiederum das Medikament an einen Patienten verschreibt.
	B2C(o) = **Business to Consumer**
	Direkter Kontakt eines Produzenten oder Dienstleisters mit dem Konsumenten: E-Commerce, Friseur usw.
C2C =	Client to Client
	Tauschgeschäfte mit Naturalien oder Dienstleistungen. Spielt eine untergeordnete Rolle.
M2C =	**Machine to Customer**
	Dienstleistungen von Maschinen oder Automaten oder intelligente Systeme, die den Kunden mit Produkten oder Serviceleistungen zufriedenstellen. Vom Kaffeeautomaten bis hin zu sensorgesteuerter Direktion von blinden Menschen.
M2M =	**Machine to Machine**
	Systeminterne automatisierte Abstimmung zwischen IT-Einheiten (Computern) untereinander oder mit mechanischen Einrichtungen (Maschinen) und / oder Messeinheiten (Sensoren), durch die Produkte oder Dienstleistungen ohne (größeres) Eingreifen des Menschen erfolgen können. Darunter wird unscharf auch die Industrierevolution „Industry 4.0" verstanden.

Abbildung 4: Die allgemeinen Geschäftsbeziehungen
(eigene Darstellung).

Auch können Missverständnisse und Irritationen bei Verhandlungen und Projekten zu längerfristigen negativen Konsequenzen oder sogar zum Abbruch von Geschäftsbeziehungen führen.

In allen Handelsbeziehungen (siehe Abbildung 1: Modell der Risikobetrachtung der Wertschöpfung sowie Abbildung 4: Die allgemeinen Geschäftsbeziehungen) ist deshalb zu prüfen, inwieweit diese auch frei von Fehlinterpretationen sind oder wie man potenzielle Missverständnisse vermeiden kann.

Fragen zum Thema:
- Bitte bewerten Sie die Aussage: „Wer über die Kultur seines Geschäftspartners oder den Zielmarkt Bescheid weiß, hat einen enormen Wettbewerbsvorteil!"
- Suchen Sie weitere Beispiele für symbolträchtige Zeichen in der Business-Welt (Gebäude, Logos etc.)!
- Warum ist interkulturelles Wissen unabdingbar im Geschäftsleben und warum ist es wichtig, sich das immer wieder in Erinnerung zu rufen?

1.1   Definition (The Small Picture)

Vereinfacht lässt sich internationales Management durch folgende Definition beschreiben:

Box 2: Internationales Management
Internationales Management beschreibt, analysiert und versteht Zusammenhänge, die durch internationale wirtschaftliche, sozio-kulturelle und führungsrelevante Eigenschaften geprägt werden. Produkte, Menschen (Verkäufer und Kunden) und Märkte sowie Organisationen, Verbände und Staaten stehen dabei in permanenter Wechselwirkung (siehe Abbildung 5).

1.1.1   Einführung Internationales Management

Vereinfacht handelt es sich beim internationalen Management um ökonomische Beziehungen, die von Gesellschaften und Kulturen abhängen.

Gleichzeitig versteht man aber auch darunter die Führung von Mitarbeitern im internationalen Kontext. Es geht also nicht nur um Produkte oder Märkte, son-

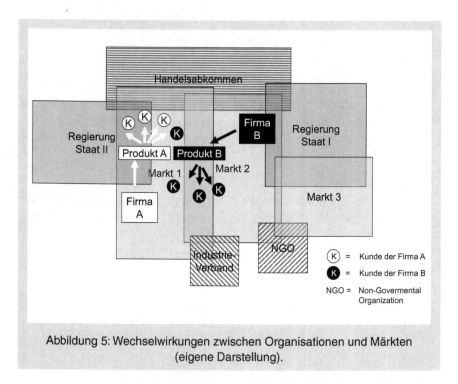

Abbildung 5: Wechselwirkungen zwischen Organisationen und Märkten (eigene Darstellung).

dern um deren Wechselwirkung mit Unternehmen und anderen Organisationen! Der internationale Manager – also Sie – muss nun die strategische Positionierung innerhalb dieses Gefüges immer wieder bestimmen und adjustieren. Das strategische Management-Dreieck hinterfragt die jetzige Position (**Status quo**[2] oder auch **Ist-Zustand**) und fragt nach dem besten strategischen Weg dorthin (**Soll-Zustand**) (siehe Abbildung 6).

1.1.2   Internationales versus Globales Management

Streng genommen bezieht sich internationales Management auf die Betrachtung von Verhältnissen zwischen mindestens zwei Nationen. Das können benachbarte, aber auch weiter auseinanderliegende Staaten sein.

---

2   Gerade in traditionsreichen Unternehmen wird auch der *„Status quo ante"* also die vergangenen strategischen Veränderungen und die Historie mit in die Überlegungen einbezogen, um die Profilierung der Firma möglicherweise zu verbessern.

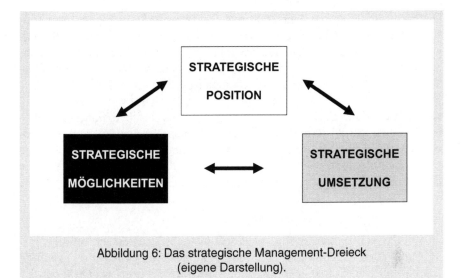

Abbildung 6: Das strategische Management-Dreieck
(eigene Darstellung).

Box 3: Globales Management (Definition)

Globales Management bedeutet also eine hohe Abhängigkeit von mehreren Staaten oder Organisationen, die international miteinander verflochten sind und auf mindestens zwei Kontinenten aktiv sind. Diese stehen in einem wirtschaftlichen, gesellschaftlichen, militärischen, ökologischen, karitativen und/oder die Gesundheit betreffenden Verhältnis.

Inzwischen ist es jedoch nicht ausreichend, nur diesen Ansatz zu verfolgen. Betrachtet man z. B. die *Global Accessibility* durch den E-Commerce und durch moderne Kommunikationsformen, so ist es sinnvoll, das gesamte potenziale Netzwerk zu betrachten.

Box 4: Global Accessibility

Global Accessibility ist die weltweite Verfügbarkeit eines Angebots von Waren, Produkten oder Dienstleistungen. Diese wird durch das Internet jedem zugänglich gemacht und kann dezentral durch zentrale Bezahlungssysteme von jedem gekauft bzw. in Anspruch genommen werden.

Auch bei Fragen hinsichtlich Energieversorgungen oder Umweltschutz sind intra-kontinentale Betrachtungen schon lange nicht mehr zielführend.

Die Finanzkrise um das Jahr 2008 und die Tsunami-Katastrophe von Fuku-shima/Japan 2011 haben gezeigt, wie empfindlich das wirtschaftliche System gestört werden kann. Die globale Wirtschaft wird inzwischen stärker von Ein-zelstörungen beeinflusst als in der Vergangenheit, da die Interdependenz (Ab-hängigkeit der Einzelsysteme) extrem hoch ist (vgl. Kapitel 7.1).

Konnte der Finanzcrash von 1929 durch große Staatssubventionen teilweise durch die eigene Wirtschaft (wie in den USA) aufgefangen werden, standen bei der letzten Finanzkrise einige Staaten vor dem Staatsbankrott. Hingegen wurde die Automobilindustrie künstlich von den Regierungen gestützt und die Bürger durch sogenannte „Abwrackprämien" zu einem Autoneukauf animiert.

> **Box 5: Dynamiken globalen Wettbewerbs**
>
> Der Start von Dynamiken lässt sich oft nur schwer erkennen, oft werden sie (zuweilen auch bewusst) ignoriert. Wenn sie dem Betrachter offensicht-lich werden, sind die Handlungsoptionen oft nur noch begrenzt. Die Finanz-krise um 2009 war zwar schon über Jahre hinweg vorher befürchtet worden: Immobilienspekulation, Überschuldung, rasantere und riskantere Bankge-schäfte ließen einen Zusammenbruch von einzelnen Geschäften, ja Indus-trien erwarten; jedoch eine Beschleunigung des Teufelskreises wurde erst bei einem exponentiellen Anstieg sichtbar. Das Ausmaß der Katastrophe wurde klar, als sogar Staaten drohten, insolvent zu werden.

1.1.3   Historischer Abriss

Der Treiber für Management ist die Interaktion von Menschen, um ein Ergeb-nis zu erreichen, also deren Beziehung. Das kann sowohl ein Umfeld betreffen, also Umstände, in denen die Menschen agieren (Umgebung oder Situation), oder ein Produkt, das geplant und hergestellt wird (Erzeugnis oder Service). Verein-facht ist das in Abbildung 7 dargestellt, Das fand schon vor 100.000 Jahren bei-spielsweise bei unserem Verwandten, dem Neandertaler, statt: Arbeitsteilung, Verantwortlichkeiten, Rollen, Hierarchien, Kulturentwicklung.

Anhand dieser Vereinfachungen lassen sich leicht alle Konsequenzen für das moderne internationale Management ableiten: Erste Komplikationen entstan-den bei den Überschneidungen von Aktionsradien einzelner Volksstämme, da es nun primär – oft in den Augen der Involvierten – **Chancen** (Synergien) gab, aber auch **Risiken** (Bedrohung durch Interessengebiete) entstehen konnten.

Projiziert man das Modell auf zwei Nationen, so treffen eben oft nicht nur un-terschiedliche Interessen, sondern auch unterschiedliche Kulturen und dadurch

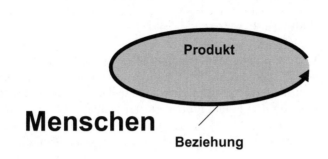

Abbildung 7: Modell für Management
In einem abgeschlossenen Umfeld (Umgebung oder Situation, hier grau hinterlegt), erfolgt die Interaktion von Menschen bezüglich eines Produkts (Erzeugnisses oder Services) (eigene Darstellung).

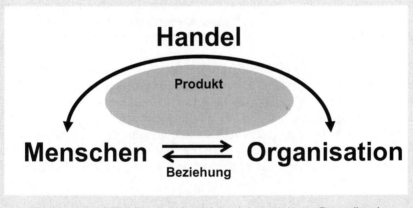

Abbildung 8: Modell für eine Handelsbeziehung (eigene Darstellung).

verschiedene Erwartungshaltungen aufeinander. Es sind also Menschen, die nicht nur in eine Beziehung mit einer Organisation treten, sondern auch unterschiedliche Traditionen und Werte haben. Handelt es sich um die Inanspruchnahme eines Produktes[3], sprich man von **Handel** (siehe Abbildung 8).

---

3   Als ein Produkt ist hier „Produkt" im Allgemeinen gemeint, also ein Erzeugnis oder Service (Dienstleistung).

Unter dem Begriff „Menschen" sind nicht nur Kunden subsumiert: Hier stehen alle Personen, die in irgendeiner Weise involviert sind – von *Stakeholdern* bis hin zu indirekt betroffenen Personen.[4]

Der Handel wird heute international oder global ausgeübt. Ist aber genauso allgemeingültig für den Binnenmarkt. In der Vergangenheit wurden die Beziehungen oft zu stark simplifiziert. In den meisten Lehrbüchern wird das einfachheitshalber nur zwischen Kunde und Produzent dargestellt, der ein Erzeugnis bzw. einen Service an den Endkunden, also *Business to Customer*[5] (B2C) oder einen Intermediär-Kunden (B2B) liefert bzw. bereitstellt (siehe Abbildung 4).

Komplexer wird nun die Situation, wenn man nicht nur Handel in einer übersichtlichen Umgebung (einem Markt) führt, sondern über große Distanzen, wie es im internationalen Management oft vorkommt. Essenziell bei größeren Entfernungen sind dann der **Transport** und die **Kommunikation**. Dieses Modell ist für die Binnenwirtschaft, aber auch für den internationalen Handel zutreffend (siehe Abbildung 8). Da nun konsequenterweise in komplexen Strukturen und Umgebungen die Führung von Organisationen und damit von Menschen wichtig wurde, nimmt die Verbesserung des **Managements** als dritte Komponente bei Handelsbeziehungen eine wichtige Rolle ein (siehe Abbildung 9).

Historisch gab es ein ähnliches Szenarium bei den Handelsstraßen der Phönizier im Mittelmeerraum. Sogar der Handel über größere Distanzen und Kontinente wie der Handel entlang der Seidenstraße zeigte große Wirkungsradien. Zentraleuropäische internationale Handelswege waren – da die Schiffbarkeit in Mitteleuropa bis auf wenige Ausnahmen erst mit dem Kanalausbau und Schleusenbau verbessert wurde – die Bernsteinstraße und die Salzstraße. Entlang dieser Handelswege entstanden jeweils Siedlungen und Infrastruktur, die

---

4   Werden zum Beispiel beim Abbau von Rohstoffen Umweltveränderungen vorgenommen, obwohl die betroffene Personengruppe gar nicht das Erzeugnis nutzt, z. B. Silberabbau in den Anden bei gleichzeitiger Quecksilberkontamination des Trinkwassers der ortsansässigen Bevölkerung.

5   In der Regel ist der Consumer (Verbraucher, Konsument) auch Customer (Kunde): im Spezialfall allerdings ist der Customer der Adressat, zum Beispiel der Arzt bzw. die Krankenkasse der Kunde, der die Medikation verschreibt oder genehmigt; der Patient ist jedoch der Konsument, der das Medikament einnimmt. Trotzdem versucht eine Pharmafirma auf beide Zielgruppen einzugehen – um möglicherweise so durch das Marketing unterschiedlichen Einfluss auf die beiden Gruppen zu nehmen und das Produkt aufgrund seiner Wirksamkeit erfolgreich auf den Markt zu bringen.

wiederum Kulturräume erzeugten.[6] Daran kann man erkennen wie stark Kultur und Ökonomie verwoben sind. Heute steht die Internationalisierung durch Social Media und E-Commerce vor einer ganz neuen Herausforderung: Potenziell sind Handelsbeziehungen und Kulturaustausch mit jedem Menschen auf der Welt möglich!

Innovationen ermöglichen, dass nationale und internationale, ja sogar globale Handelsbeziehungen sich verstärken konnten, nämlich durch Optimierung von **Produktion**, **Transport** und **Kommunikation**.

Industry 4.0 wird genau diese drei Bereiche zukünftig selbst steuern – sicherlich monitoriert durch den Menschen, aber weitgehend autonom und mit einer immer höheren Entscheidungsrate.

Das Management (siehe Abbildung 9) hingegen gliedert sich in zwei Bereiche, um die Organisation und den Menschen (also die Mitarbeiter) zu steuern, nämlich durch **Unternehmensführung** bzw. **Leadership** (siehe Kapitel 9 bis 14). Dabei beschränkt sich das Führen nicht auf Untergebene, sondern auf Mitarbeiter, Kollegen, Chefs und Handelspartner sowie auch auf Kunden und Verbraucher sowie andere Stakeholder(gruppen).

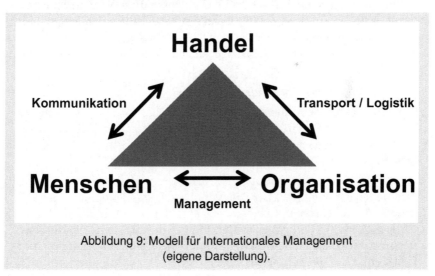

Abbildung 9: Modell für Internationales Management
(eigene Darstellung).

---

6   Neben Handelszentren und -straßen gab es als zweiten starken Treiber religiös bedingte Siedlungsorte (z. B. Stonehenge, Tempelanlagen der Azteken, Klosteranlagen christlicher Mönche/Nonnen) oder Pilgerstraßen (z. B. Jakobsweg nach Santiago de Compostela, Pilgerweg nach Mekka).

Fragen zum Thema:

- Versuchen Sie mit eigenen Worten zu fassen, was man unter Globalisierung versteht und wie sich der Begriff verändert hat!
- Welche Chancen und Herausforderungen entstehen durch die *Global Accessibility* und wie kann man sich darauf am Besten einstellen?
- Welche Grundprinzipien können Sie bei jeglichen Handelsbeziehungen erkennen und inwiefern spielen diese Komponenten eine Rolle im internationalen Management?

1.2   Einbettung in Nachbarschaftsdisziplinen (The Big Picture)

Globale Treiber

Um das internationale Management realistischer betrachten zu können geht man von vergleichsweise einfachen Modellen aus, ohne die mikro- bzw. makroökonomischen Modelle eingehend zu nutzen. Einfachheitshalber werden lediglich die Haupttreiber *Global Drivers* untersucht. Durch diese Vereinfachung ist es möglich, schnelle Analysen zu tätigen und relativ belastbare Handlungsempfehlungen abzuleiten sowie schnelle und einfache Voraussagen zu machen. Hifreich sind dabei die Verwendungen von sogenannten ökonomischen Indikatoren.

Box 6: Ökonomische Indikatoren

Kennzeichen für Aktivitäten (Activity Index = ACI) oder die Messung von Leistungen durch Kennzahlen (Key Performance Indicator = KPI) sind hilfreich, um Aussagen zu treffen, ob sich Produkte, Industrien, Wirtschaftsräume in eine bestimmte Richtung entwickeln.

Direkte ACIs sind zum Beispiel die Quantifizierung der Steigerungen der Bruttoinlandsproduktrate (BIP) oder die Verschuldung von Ländern, indirekte z. B. die weltweite Containeranzahl und deren Verschiffung als Aktivitätszeichen für den globalen Handel oder der Konsum und die Preise international konsumierter Nahrungsmittel (Fast-Food Burger-Rate, Coca-Cola/Pepsi Cola-Verbrauch pro Land).

Direkte Kennzahlen sind Qualitätskennzahlen bei der Herstellung eines Produktes. Indirekte Kennzahlen sind die Haltbarkeit und Verschleißrate von Produkten bei längerer Lagerung bzw. unter Dauereinsatz.

1.2.1   Demographie

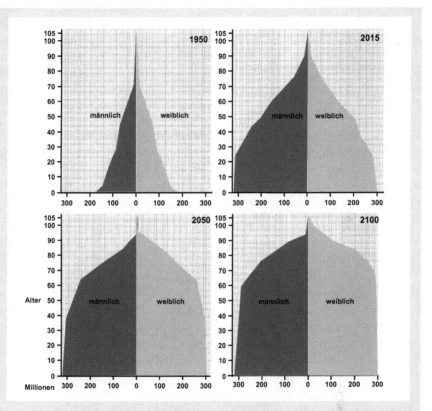

Abbildung 10: Die globale demographische Entwicklung.
Die globale demographische Entwicklung anhand der Jahre 1950, 2015*,
2050* und 2100* in Altersjahren (Y-Achse) versus Millionen (X- Achse) nach
männlichen (dunkelgrau) und weiblichen (hellgrauen) Menschen getrennt
(*geschätzt, United Nations, 2010) (eigene Darstellung).

Die Gesamtbevölkerung unterliegt einem stetigen exponentiellen Wachstum,
dessen Ende nicht absehbar ist. Ende Oktober 2011 wurden 7 Milliarden Erden-
bürger gezählt. Um die Jahrhundertwende 1815 waren es noch knapp 1 Milli-
arde, 1915 schon fast 2 Milliarden und für 2050 wird mit einer Bevölkerungs-
zahl von 10 Milliarden Menschen gerechnet (bei Drucklegung des Buches
lebten mehr als 7,3 Milliarden Menschen auf der Erde mit einer Wachstums-
rate von 2,7 Menschen pro Sekunde!).

Durch die drei Treiber **Ernährung, Gesundheit und Aufklärung (Vorsorge/ Information)** konnte eine hohe Säuglings- und Kindersterblichkeit reduziert und das Lebensalter verlängert sowie die *Quality of Life* ebenfalls enorm gesteigert werden! Die Überbevölkerung[7] ist allerdings eine Bedrohung: Wie jedes natürliche System wird sich eine Selbstregulierung zu Gunsten des ganzen Systems einstellen, jedoch würde das für einen großen Teil der Bevölkerung katastrophale Folgen haben. Es handelt sich schlichtweg um ein numerisches Problem.

In den nächsten Jahrzehnten wird uns maßgeblich die internationale **Demopolarisierung** (siehe Box 7), also die extrem unterschiedliche demographische Entwicklung beschäftigen: Trotz einer globalen Überbevölkerung werden immer mehr junge und reiche Menschen in die Städte ziehen, während sich alte und arme Menschen das Stadtleben nicht mehr leisten können und in den äußeren Stadtbezirken oder auf dem Land leben müssen.

Box 7: Demopolarisierung

Demopolarisierung ist die Spaltung einer Gesellschaft, eines Volkes oder eines Kulturraums in zwei oder mehrere Teile. Die Demopolarisierung bezieht sich im Besonderen darauf, dass durch ökonomische Faktoren wie Beschäftigungsangebot, Attraktion des städtischen versus Landleben und wegen der (Weiter)bildungsmöglichkeiten ein Gradient entsteht, der letztendlich zu zwei oder mehreren Gruppen führt. Das ist oft nicht nur Reich versus Arm, es gibt vielmehr eine Vielzahl von Schattierungen.

Migrationsströme entstehen durch wirtschaftliche Attraktoren oder instabile Situationen in einigen Ländern. Während man in Westeuropa und China eine demographische Überalterung der Bevölkerung sehen kann, die durch Lebensstandard bzw. Ein-Kind-Politik des letzten Jahrhunderts begründet ist, sind in den USA durch Immigranten durchaus genügend Arbeitskräfte im Alter zwischen 16 bis 60 Jahren vorhanden. Genauso wie in den USA haben die meis-

---

7   Anmerkung des Autors: Wann man von Überbevölkerung spricht, ist das rein subjektiv. Allerdings wird eine stärkere Nutzung und ein höherer Verbrauch von Energie-, Material- bzw. Nahrungsmittelressourcen zu einer starken Anspannung zwischen ethnischen und nationalen Einheiten führen. Man geht davon aus, dass eine Bevölkerung von 15 – 20 Milliarden Menschen unter den heute vorherrschenden Bedingungen zum Kollaps führen wird, da ein Ausgleich der Machtverhältnisse nur durch militärische oder terroristische Auseinandersetzungen gelöst werden wird.

ten Bürger in Brasilien, Indien oder anderen asiatischen und afrikanischen Ländern jedoch keinen Zugang zu allgemeinen oder gar höheren Bildungseinrichtungen. Statistisch gesehen müssten nach der Gaußschen Normalverteilung in Indien allein mehrere 100.000 höchstbegabte Schüler zu finden sein, die auf Elite-Universitäten gehen könnten. Das sind so viele Schüler wie in Deutschland Gymnasiasten insgesamt!

Betrachtet man China, so fällt das extreme Missverhältnis auf zwischen einem aufstrebenden Land mit hohen Wachstumsraten und gleichzeitig nicht ausreichenden Arbeitskräften, um den Aufschwung zu begleiten und zu bewerkstelligen.

Durch eine verbesserte Lebensqualität würden in den lateinamerikanischen, asiatischen und vor allem den afrikanischen Ländern die gleiche edukative Entwicklung möglich sein wie in Europa vor zweihundert Jahren. Was ist nun die Konsequenz für das internationale Management?

In erster Linie ändern sich die Absatzmärkte, neue Binnenmärkte könnten entstehen, Produkte würden sich nicht zwangsweise an westlichen Bedürfnissen orientieren. Mit anderen Worten, es könnten Produktionsstätten oder ganze Firmenteile in die Länder verlagert werden. Gründe dafür wäre die Verfügbarkeit von potenziellen Arbeitnehmern und die Nähe zum Kunden. In jedem Fall wird vom zukünftigen Management eine noch höhere Flexibilität und internationale Kompetenzen (Sprachkenntnisse, interkulturelle Kompetenzen, internationales Supply Chain Management [SCM], HRM, Procurement usw.) gefordert werden.

Industrie- und Schwellenländer haben ganz unterschiedliche demographische Entwicklungen: Schrumpfendes bzw. starkes Wachstum im nächsten Jahrhundert für Deutschland/Japan/China (siehe Abbildung 11, Abbildung 12 bzw. Abbildung 13) bzw. Brasilien/Indien/USA (siehe Abbildung 14, Abbildung 15 bzw. Abbildung 16):

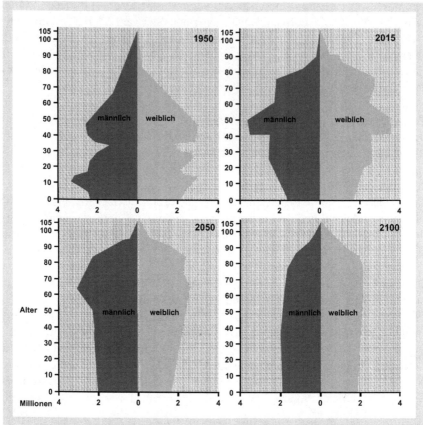

Abbildung 11: Demographische Entwicklung in Deutschland.

Die demographische Entwicklung in Deutschland anhand der Jahre 1950,
2015*, 2050* und 2100* in Altersjahren (Y-Achse) versus Millionen (X- Achse)
nach männlichen (dunkelgrau) und weiblichen (hellgrauen)
Menschen getrennt (*geschätzt, United Nations, 2010) (eigene Darstellung).

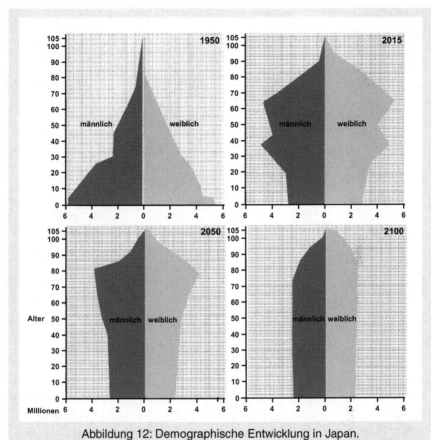

Abbildung 12: Demographische Entwicklung in Japan.

Die demographische Entwicklung in Japan anhand der Jahre 1950, 2015*,
2050* und 2100* in Altersjahren (Y-Achse) versus Millionen (X- Achse) nach
männlichen (dunkelgrau) und weiblichen (hellgrauen) Menschen getrennt
(*geschätzt, United Nations, 2010) (eigene Darstellung).

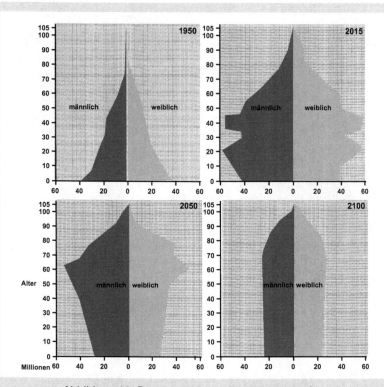

Abbildung 13: Demographische Entwicklung in China.

Die demographische Entwicklung in China anhand der Jahre 1950, 2015*,
2050* und 2100* in Altersjahren (Y-Achse) versus Millionen (X- Achse) nach
männlichen (dunkelgrau) und weiblichen (hellgrauen) Menschen getrennt
(*geschätzt, United Nations, 2010) (eigene Darstellung).

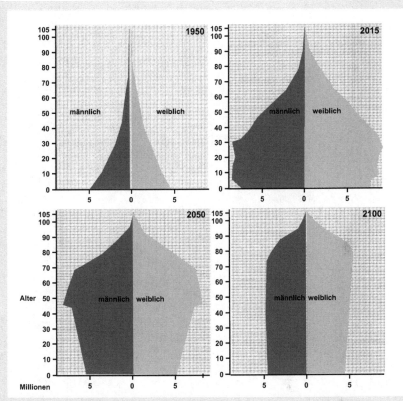

Abbildung 14: Demographische Entwicklung in Brasilien.
Die demographische Entwicklung in Brasilien anhand der Jahre 1950, 2015*,
2050* und 2100* in Altersjahren (Y-Achse) versus Millionen (X- Achse) nach
männlichen (dunkelgrau) und weiblichen (hellgrauen)
Menschen getrennt (*geschätzt, United Nations, 2010) (eigene Darstellung).

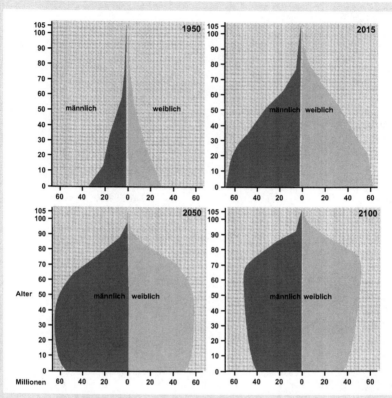

Abbildung 15: Demographische Entwicklung in Indien.

Die demographische Entwicklung in Indien anhand der Jahre 1950, 2015*,
2050* und 2100* in Altersjahren (Y-Achse) versus Millionen (X- Achse) nach
männlichen (dunkelgrau) und weiblichen (hellgrauen) Menschen getrennt
(*geschätzt, United Nations, 2010) (eigene Darstellung).

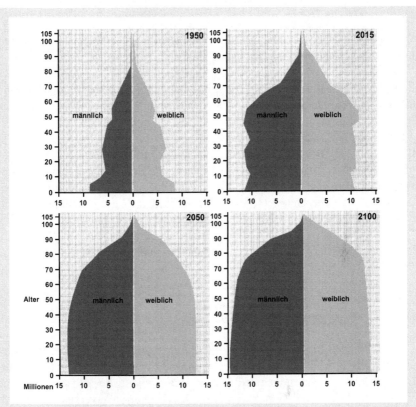

Abbildung 16: Demographische Entwicklung in den USA.
Die demographische Entwicklung in den USA anhand der Jahre 1950, 2015*,
2050* und 2100* in Altersjahren (Y-Achse) versus Millionen (X- Achse) nach
männlichen (dunkelgrau) und weiblichen (hellgrauen) Menschen getrennt
(*geschätzt, United Nations, 2010) (eigene Darstellung).

1.2.2   Neue Trends

Was sind die Mega-Trends, auf die wir zukünftig unser Business ausrichten müssen? Welche Implikationen haben sie für unser Geschäft?

Folgende zehn Mega-Trends werden internationale Manager in diesem Jahrhundert im Blick haben müssen, wenn das Business erfolgreich sein soll:

1.) Internationalisierung versus Lokalisierung
Internationalisierung bedeutet die Angleichung von Produkten und Dienstleistungen für einen schnelleren weltweiten Vertrieb! Gleichzeitig ist auch eine gesteigerte Erwartungshaltung und der Wunsch nach lokalen Produkten seitens der Kunden zu verzeichnen, die eine größere Identifikation mit spezifischen Regionen oder Werten verlangen (Lokalisierung) (vgl. auch Abbildung 84).

Beispiel: Förderung des Kaufs regionaler Produkte und traditionsrelevanter Produkte.

2.) Generations-Gap (GenGap)
Der Umgang mit und die Vermittlung zwischen verschiedenen Generationen!

Durch technische Innovationen und Internationalisierung (Mega-Trend 1) verändern sich zunehmend Verhaltensmuster und Erwartungshaltungen, die im Businessleben aufeinander treffen (z. B. unterschiedliche Verständnisse für Work-Life-Balance bei Generation X versus Generation Y versus Generation Z versus Generation alpha).

Beispiel: Angleichen und Zusammenarbeiten von Teams und Organisationen mit verschiedenen Wertevorstellungen.

3.) Virtuelle Realität (VR)
Die Integration einer Parallelwelt durch zunehmende Abstraktion des realen Lebens!

Wichtige Kommunikationen, Beziehungen und Funktionen werden im Second-Life (Business-Leben) und Third-Life (Privatleben innerhalb des Business-Lebens) mit übernommen werden.

Beispiel: Führung virtueller Teams (physisch getrennter Einheiten), Anwendung neuer Medien wie Hologramme, Virtual-Reality-Brillen.

4.) Globaler Zugriff (GlAc = Global Accessibility)
Die verstärkte Nutzung und der erleichterte Austausch und Zugriff von und auf Informationen und Produkte!

Beispiel: Durch weltweite Systeme wird der globale Zugang potenziell für alle Menschen möglich sein und der Wettbewerb dadurch transparent (Internet Trading).

5.) Job-Komplexität (J-Complex)
Die Vervielfachung der Rollen und Verantwortlichkeiten eines definierten Berufsfeldes! Die Übernahme von Aufgaben von anderen Ausbildungen wird verstärkt werden.

Beispiel: Ein IT-Manager hat heute die Aufgaben eines Controllers (Controlling), Personalers, eines Projektmanagers und seiner eigentlichen Berufsausbildung, eben eines Programmierers von Datenbanken (IT-Experte).

6.) Fluktuation von Arbeitskräften (HRT = Human Resource Turnover)
Die Anpassung von Prozessen und Funktionen auf eine höhere Fluktuation von Mitarbeitern wird neben einer höheren Flexibilität auch ein anderes Werteverständnis erfordern!

Beispiel: Zukünftig werden Mitarbeiter ihren Arbeitgeber mehrmals in ihrem Berufsleben wechseln, dabei sind erneute Anstellungen beim ehemaligen Arbeitgeber nicht ausgeschlossen. Früher war eine Kündigung mit emotionaler Bindung verglichen worden. Heute wird das Kündigen und eine mögliche Wiedereinstellung akzeptiert, weil man die Leistung und das Loyalitätsverhalten nur während der betreffenden Anstellungszeit betrachtet und das Arbeitsverhältnis nicht mehr als lebenslange Bindung versteht.

7.) Interkonnektivität (InterCon)
Die Verbindung von Kommunikationswegen stellt den Anfang für eine weitere Verbindung von Menschen und Maschinen dar. Web 2.0 und Industry 4.0 sind **inkrementale Innovationen** im automatisierten Arbeitsalltag, auch wenn sie oft in der Boulevardpresse und in Fachzeitschriften als neue Revolution dargestellt werden. Die nächste **radikale Innovation** wird jedoch voraussichtlich durch die Verknüpfung der Bereiche der Neurowissenschaften und der Ingenieurwissenschaften erfolgen (Neuroengineering/kybernetische Lebensformen), da die Folgen dieses Interface weit über die von Industry 4.0 reichen wird.

Beispiel: Im Rahmen von Neuroengineering wurde bereits die Interaktivität von Gehirn und sensorischen Fähigkeiten mit Netzwerken und ausführenden Maschinen in Prototypen schon realisiert.

8.) Work-Life-Balance (WLB)
Die Verschmelzung von Arbeit und Beruf durch moderne Kommunikation und 24/7[8]-Service/-Kundenanforderungen weltweit wird durch die kontinuierliche Erreichbarkeit gefördert!

Eine tatsächliche Abhängigkeit von Smartphones wird noch verstärkt werden. Gleichzeitig lassen sich *„Retrobewegungen"* beobachten.

Box 8: Retrobewegungen

Retrobewegungen sind eine Antwort auf die Digitalisierung des privaten und des Business-Lebens. Zur Entschleunigung der Zeit und für ein bewussteres Leben werden wieder alte Medien und Verfahren benutzt: z. B. nimmt das Führen von Papier-Kalendern wieder zu, wie man an dem Erfolg der Firma Leuchtturm 1917 sieht, oder die verstärkte Nutzung von Kaffeemühlen usw.

Diese Beispiele sind Indikatoren dafür, dass wieder Haptisches dem Digitalen vorgezogen oder sogar bewusst entgegengesetzt wird, wie eben das handschriftliche Schreiben von Postkarten oder Briefen.

Dem gleichen Prinzip folgen auch Luxusmarken mit dem zweigleisigen Vertrieb ihrer Ware über das Internet/E-Commerce und eventorientierten Flagstore-Shops, um Kunden digital, aber vor allem auch über Emotionen zu binden.

Weitere Themen der Retrobewegung: Schutz der Privatsphäre versus Beruf, ausreichend Zeit für Familie und Freunde sowie Hobbys, Meidung oder selektive Nutzung von sozialen Netzwerken.

9.) Lebenslanges Lernen (LLL)
Die Lernleistungen werden zum kritischen Erfolgsfaktor! Die Halbwertszeit von Wissen sinkt mit einer hohen Rate. Das macht lebenslanges Lernen nicht nur erforderlich, sondern es wird zum entscheidenden Wettbewerbsvorteil für

---

8   24/7 bedeutet „rund um die Uhr", also 24 Stunden täglich, jeden Tag der Woche, in denen beispielsweise eine Tätigkeit, ein Service oder eine Bereitschaft geleistet bzw. zur Verfügung gestellt wird.

die Menschen in einer global wachsenden Bevölkerung werden: Besonders das Erlernen neuer Techniken und das Beherrschen neuer Technologien.

Beispiel: Der Gebrauch und das Wissen im Umgang mit einem Computer war in den 1980ern selten, ebenso war die Nutzung eines Handy Anfang der 1990er eher die Ausnahme. Das Führen von Mitarbeitern wird im internationalen Kontext inzwischen von jedem Projektleiter vorausgesetzt, dabei sollte er Grundlagen von Leadership, Business Coaching und Projekt-Management beherrschen.

10.) Performance by Competition (PbC)
Die Arbeitsleistung wurde früher nur im engsten Umfeld gemessen! Heute stehen internationale Qualitätsstandards und das direkte (tägliche!) Benchmarking zur Verfügung.

Beispiel: Es gibt Referenzwerte im internationalen Markt durch transparente Kommunikation: Auch die persönliche Leistung wird durch Umfragen in Unternehmen jedem einzelnen Mitarbeiter deutlich gemacht: zwar anonym, aber jeder kann sich selbst ‚benchmarken'.

1.)	Internationalisierung versus Lokalisierung
2.)	Generation-Gaps (GenGap)
3.)	Virtuelle Realität (VR)
4.)	Globaler Zugriff (GlAc)
5.)	Job-Komplexität (J-Complex)
6.)	Fluktuation von Arbeitskräften (HRT)
7.)	Interkonnektivität (InterCon)
8.)	Work-Life-Balance (WLB)
9.)	Lebenslanges Lernen (LLL)
10.)	Performance by Competition (PbC).

Abbildung 17: Die 10 Mega-Trends für das 21. Jahrhundert
(eigene Darstellung).

1.2.3   Neuer Zielkontinent Afrika

Durch die ungleiche Verteilung der Bevölkerung und durch die spezifische demographische Entwicklung wurde der afrikanische Kontinent als Zielkontinent schon 2010 von China entdeckt. China baute die Infrastruktur in Zentralafrika auf, um Anbauflächen zu nutzen und so die eigene chinesische Bevölkerung besser zu versorgen. Diese Abhängigkeit ist systematisch wichtig für Länder, die aufgrund der demografischen Entwicklung ein reduziertes Arbeitskraftpotenzial haben. Neben Ressourcennutzung auf Großbaustellen in arabischen Ländern werden inzwischen Afrikaner in Produktionen eingesetzt, deren Produkte „Made in China" tragen und nach China transportiert werden, um dann hochwertig(er) auf dem Europa- oder USA-Markt verkauft zu werden.

1.2.4   Neues Luxusverständnis

Durch einen weltweit erhöhten (aber immer stärker polarisierenden und damit global ungleichen) Lebensstandard und durch eine zunehmende Informations- und Zugriffsmöglichkeit können sich breitere Bevölkerungsschichten Markennamen (Produkte oder Dienstleistungen) leisten. Es wird von dem an vielen Orten der Welt erkennbaren sozio-ökonomischen Phänomen der **Demokratisierung des Luxus** (siehe Box 9) gesprochen: z. B. werden Handtaschen von Luxuslabels in jedem Land weltweit getragen.

Box 9: Demokratisierung des Luxus

Die Demokratisierung des Luxus wurde in den 1990ern durch stärkere Werbung für Markennamen eingeleitet und forcierte das sozio-ökonomische Dazugehörigkeitsgefühl. Bei jungen Menschen ist die Identifizierung durch Kleidungsstücke oder Tragen/Besitzen von Luxusartikeln maßgeblich für die Anerkennung in einem bestimmten Milieu wichtig.

Eine erhöhte Erwartung seitens des Kunden bezüglich Service, auch nach dem Kauf, ist deutlich zu erkennen. Dieses Luxusverständnis spiegelt sich im internationalen Beschwerdemanagement wider. Dies wird immer stärker seitens des Herstellers optimiert, um Kunden längerfristig zu binden (Albrecht, 2014).

Gleichzeitig beobachtet man einen schnelleren Lebenszyklus hinsichtlich hochwertiger Produkte. Das heisst der Preisverfall nimmt zu und der Übergang vom Luxusartikel zu einem Alltagsgegenstand oder von der Extra-Serviceleistung zu einem erwarteten kostenlosen Standarddienst. Das bezeichnet man als **Commoditisierung**.

Box 10: Commoditisierung

Commoditisierung ist die schnelle Abwertung von innovativen und/oder teuren Gegenständen. Innerhalb von immer kürzeren Produktlebenszyklen (PLC) (siehe Abbildung 58), werden diese Produkte einfacher und preisgünstiger (oft auch als Kopien) auf dem Markt gebracht. Damit sind selbst Luxusgegenstände für die Meisten zumindestens erhältlich, oft aber auch schon eher erschwinglich als noch vor 50 Jahren!

1.2.5   Business-Ethik/Corporate Social Responsibility

Die Identifizierung mit dem Unternehmen (Loyalität der Mitarbeiter), die Darstellung des Unternehmens gegenüber Kunden, Geschäftspartnern und der Gesellschaft (Corporate Identity) verstärkt die Frage über die Verantwortung gegenüber Dritten.

Box 11: Corporate Identity

Corporate Identity (CI) ist die einheitliche Darstellung eines Unternehmens nach innen und vor allem nach außen. **Explicite Corporate Identity (ECI)** wird meistens durch Richtlinien abgesichert. Sie bestimmen, wie die Firma sich präsentiert, also Logo (inklusive geschützter Schriftzüge oder eingetragener Markenname [Trademark] mit spezifischer Farbe [Pantone]), Kleidung/Uniform der Mitarbeiter (falls notwendig), externe Kommunikationsmedien (Visitenkarten, Briefpapier, Internet, Intranetpräsentation usw.) etc. **Implicite Corporate Identity (ICI)** ist das Auftreten der Mitarbeiter nach außen, die durch ihr Verhalten die Kultur des Unternehmens nach außen vertreten (zurückhaltend, seriöses Auftreten, lockere Umgangsform usw.).

War im letzten Jahrhundert hauptsächlich der ‚grüne Gedanke' im Fokus, so steht am Anfang des 21. Jahrhunderts wieder die Frage der Verantwortung gegenüber dem Mitarbeiter bzw. den Arbeitsbedingungen, unter denen ein Produkt hergestellt oder ein Service geleistet wird, im Vordergrund (siehe auch Diskussionen über Kinderarbeit, Arbeitsverhältnisse in Billiglohnländern, physische Bestrafung von Mitarbeitern, induzierter Selbstmord usw.).

Corporate Social Responsibility (CSR) umfasst fünf Bereiche, in denen sich ein internationales Business profilieren sollte, um nicht Wettbewerbsnachteile zu erleiden. Die Bereiche des CSR-Pentagons in Abbildung 18 sind aber nicht ganz überschneidungsfrei:

1. **Ökonomische Verantwortung**: Ein Unternehmen sollte wirtschaftlich sein, damit es bestehen kann.

2. **Gesetzliche Verantwortung**: Ein Unternehmen sollte keine illegalen Tätigkeiten ausführen oder direkt bzw. indirekt unterstützen und sollte sich an gesetzliche Bestimmungen halten.

3. **Ethische Verantwortung**: Ein Unternehmen sollte fair und ethisch gegenüber Mitarbeitern und Dritten handeln.

4. **Ökologische Verantwortung**: Ein Unternehmen sollte die Natur direkt und indirekt schonen und verantwortungsvoll mit den Ressourcen umgehen.

5. **Philanthropische Verantwortung**: Ein Unternehmen sollte sich karitativ und/oder gesellschaftlich über seine rein arbeit- und steuergebende Rolle hinaus engagieren.

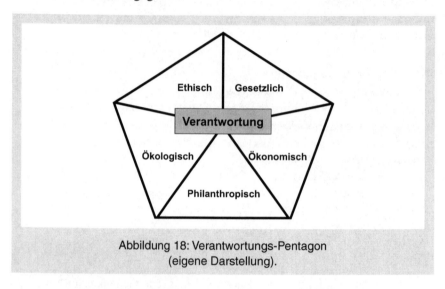

Abbildung 18: Verantwortungs-Pentagon
(eigene Darstellung).

Alle fünf Punkte hängen vor allem vom Führungsstil und dem Verantwortungsbewusstsein des Managements ab. Oft sind das die typischen Menschen, die eine Firma prägen (Gründer, Geschäftsführer usw.). Die internationale Transparenz durch Medien und durch das Internet macht deren Beobachtung aus der Distanz global möglich.

Fragen zum Thema:

- Versuchen Sie in ein paar Sätzen die heutige demographische Situation zu erfassen und wagen Sie ein differenziertes Bild für die Welt in 25 Jahren!
- Rekapitulieren Sie die hier vorgestellten 10 Trends und deren Einfluss auf das internationale Management!
- Warum wird Business-Ethik zukünftig einen immer größeren Stellenwert in Firmen und Business-Beziehungen spielen?

DIE ORGANISATION IM INTERNATIONALEN MANAGEMENT

2 Analyse der Ist-Situation (A-Analyse)

Um eine ausreichend gute Gesamtanalyse anzufertigen, sollten verschiedene interne und externe Einzelanalysen durchgeführt werden, die für eine Positionierung und Weiterentwicklung eines Unternehmens im internationalen Rahmen notwendig sind. Eine Möglichkeit ist, eine sogenannte Albrecht-Analyse (A-Analyse) (wie in Abbildung 19 dargestellt) durchzuführen:

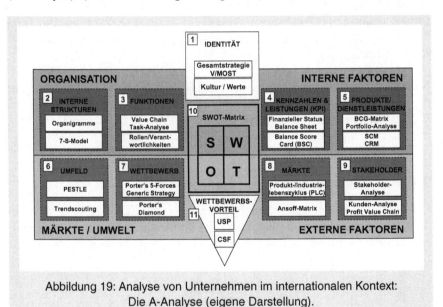

Abbildung 19: Analyse von Unternehmen im internationalen Kontext: Die A-Analyse (eigene Darstellung).

Die zu analysierende Organisation wird dabei durch 11 Bereiche vollständig erfasst. Im Nachfolgenden werden diese Schritte durch die Unterkapitel von 2.1 bis 2.11 abgedeckt.

Kapitel 2.1: Die Analyse der Identität. Hier ist nicht nur die Erfassung der Gesamtstrategie wichtig, sondern auch die der Kultur und der Werte, die in einer Organisation aufgebaut, gelebt und vermittelt werden. Darauf basieren alle Analysen, insbesondere die interne Analyse, aber auch die Bewertung des internationalen Umfelds! Sehr stark damit verknüpft ist das Employer Branding, das das Bild der Organisation nach innen und außen trägt.

Kapitel 2.2 – 2.5: Die Analyse der internen Faktoren führt zu den Ergebnissen der Stärken und Schwächen der Organisation. Die wichtigsten sind unter SW (Strength/Weaknesses) der SWOT-Matrix in Kapitel 2.10 abgebildet.

Kapitel 2.6–2.9: Die äußeren Faktoren des internationalen Marktes und die Stakeholder des internationalen Business werden analysiert und unter OT (Opportunities/Threats) der SWOT-Matrix in Kapitel 2.10 dargestellt. Einige Analysetools sind auch für die interne Analyse gültig: z. B. kann und muss eine Stakeholder-Analyse auch für Personen(kreise) innerhalb der Organisation angewandt werden!

Kapitel 2.10: Die **SWOT**-Matrix ergibt einen guten Überblick über die Ausgangssituation einer Organisation. So kann beispielsweise eine Firma ihre Strategie überprüfen oder auf eine Veränderung der internen oder externen Faktoren reagieren.

Kapitel 2.11: Das **Resultat aus der SWOT**-Matrix wird abgeleitet und auf die Identität (2.1) des Unternehmens reflektiert. So lassen sich die Kritischen Erfolgsfaktoren (CSF = Critical Success Factors) der Organisationen ermitteln und das oder die Alleinstellungsmerkmal(e) (USP) klar herausarbeiten.

2.1   Identität der Organisation

Zur Bestimmung der Identität der Organisation ist die Darstellung der Gesamtstrategie sowie eine Beschreibung des Werteverständnisses und eine Einordnung der Organisationskultur notwendig.

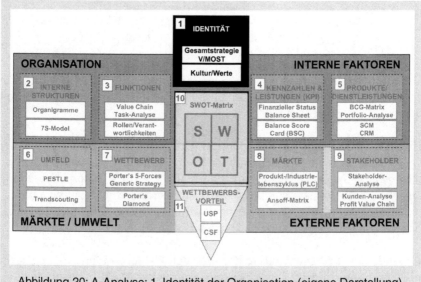

Abbildung 20: A-Analyse: 1. Identität der Organisation (eigene Darstellung).

2.1.1   Gesamtstrategie/MOST

Die Gesamtstrategie ist mit dem Werteverständnis eng verknüpft und kann durch die MOST-Analyse (Abbildung 21), die vorwiegend im angelsächsischen Raum benutzt wird, modellhaft abgebildet werden.

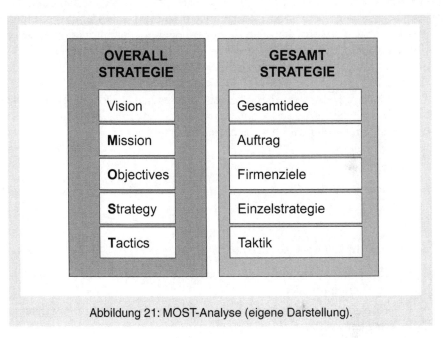

Abbildung 21: MOST-Analyse (eigene Darstellung).

M ission: Mit der Mission beschreibt das Unternehmen seine Zielrichtung, die oft auch losgelöst von Firmen und Industriebeziehungen steht (sie wird dann als „**Vision**" bezeichnet). Eine Missions- oder Visionfragestellung wird von Klein- und mittelständischen Unternehmen oft abgelehnt, da Unternehmensziele und die Gesamtstrategierichtung vermeintlich (für den Eigentümer oder die Geschäftsführung) klar sei. Jedoch hat sich gezeigt, dass durch eine klare Missions- und Visionsdarstellung die Motivation und der Einfluss auf die Identifikation mit dem Unternehmen sowie die Werte und das Kulturverständnis der Mitarbeiter erhöht werden kann. Das wird durch das Employer Branding und dem damit verbundenen Alleinstellungsmerkmal (USP) erreicht.

O bjectives: Die Umsetzung der Mission erfolgt durch Zielfestlegungen (Objectives), die innerhalb der Firma herunterkaskadiert werden, so dass jeder Mitarbeiter an der Zielerfüllung partizipiert: nach Peter Drucker (1954) das sogenannte Management by Objectives (MbO). Diese Ziele finden sich in irgendeiner Form in dem Mitarbeitergespräch, das bei der Führung von internationalen Teams eine große Rolle spielt (siehe Kapitel 14).

S trategie: Die Umsetzung der Einzelziele wird durch die jeweilige Strategie pro Ziel (nicht zu verwechseln mit der Gesamtstrategie (siehe Abbildung 21) festgelegt. Das ist gerade im internationalen Kontext eine Herausforderung, weil konsequenterweise die Ziele sich überlappen und damit möglicherweise verschiedene internationale Zielgruppen (z. B. Kunden, Kooperationspartner) gleichzeitig unterschiedlich angesprochen werden müssen.

T aktik: Jede Einzelstrategie bedarf einer Umsetzung. Die Detaillierung für die Strategieimplementierung erfolgt dann pro festgelegte Einzelstrategie (Taktik) und deren Umsetzung wird jeweils einzeln überwacht.

> Box 12: Employer Branding
>
> **Employer Branding** ist die Vermarktung der Firma (im engeren Sinne des Firmennamens) nach außen und innen.

Besonders hilfreich ist diese Analyse für

- retrospektive Vergleiche: alte versus neue Strategie (*Status quo ante* versus *Status quo*) oder
- prospektive strategische Planungen: jetzige versus zukünftige Strategie (*Ist-Status* versus *Soll-Status*).

2.1.2   Kultur/Werte

In Unternehmen wird die Kultur und die Wertedefinition und -erhaltung immer stärker zum Wettbewerbsvorteil. Ziel ist es, die sogenannte „DNA des Unternehmens" zu transportieren, also das Employer Branding nach innen und außen darzustellen, damit die Loyalität des Mitarbeiters und des Kunden erhöht wird (Heskett et al., 2003).

> Box 13: DNA des Unternehmens
>
> Abgeleitet von der genetischen Information von Lebewesen, der Desoxyribonukleinsäure (engl. Deoxyribonucleic Acid), ist die DNS oder DNA eines Unternehmen, also was ein Unternehmen ausmacht. Das Alleinstellungsmerkmal (siehe Kapitel 2.11.1) ist die auf wenige Merkmale oder das Hauptmerkmal reduzierte Information über ein Produkt oder eine Organisation, die zum internen oder externen Kunden tranportiert werden soll.

Ein wesentlicher Bestandteil ist die Organisationskultur. Wenn Sie mehr zur allgemeinen, globalen Betrachtung von Kultur oder über Kultur-Typen erfahren wollen, die Einfluss auf die Führung von Mitarbeitern im Unternehmen haben, schlagen Sie bitte in Kapitel 4.3 bzw. Kapitel 12.1 nach!

Hall (1996) definiert drei Level der Organisationskultur:

1 **Artefakte und Etikette:**
 Sichtbare, konkrete Elemente der Kultur, die man erkennt, wie Sprache, Begrüßungsart, Kleidung, Businessetikette (Großraumbüros etc.), z. B. „Was ist typisch deutsch?"

2 **Verhalten und Handlungsweisen:**
 Entscheidungsfindungsprozess, Führungsstil, Problemlösung, Teamarbeit.

3 **Moral, Glaube und Wertvorstellung:**
 Vorstellungen im Unternehmen „richtig-falsch", „fair-unfair", Shareholder-/Kunden-Stellung, Business-Ethik, der „ehrbare Kaufmann" etc.

> **Box 14: Umsetzung von Werten und Kultur**
>
> Entscheidend ist nicht die Definition der Kultur oder der Werte für eine Organisation, sondern die sichtbare Umsetzung. Diese kann allerdings nicht (ausschließlich) durch Werbemaßnahmen und Marketing-Materialien erfolgen, sondern muss von dem Großteil der Mitarbeiter und der Geschäftsführung (idealerweise von allen) **verstanden, akzeptiert** und vor allem **gelebt werden.**

Viele Faktoren, die gerade im internationalen Kontext eine sehr wichtige Rolle spielen, wie beispielsweise verschiedene internationale Führungsstile oder sozio-kulturelle und wirtschaftskulturhistorische Einflüsse, werden in den jeweiligen Kapiteln aufgegriffen und hier nicht im Detail erläutert. Jedoch ist die Komplexität schon sofort zu erkennen, wenn eine deutsche Chefin (CEO) für ein amerikanisches Unternehmen in Japan arbeitet.

Abbildung 22: Die Organisationskultur
verändert nach Schein (2004) (eigene Darstellung).

INTERNE ANALYSE:
INTERNATIONALES MANAGEMENT

Die Ergebnisse der Organisations-Analyse sind die „Stärken" und „Schwächen" des Unternehmens. Sie sind die Voraussetzung, um Aussagen treffen zu können, inwiefern sich das Unternehmen im internationalen Kontext bewegen kann. Mit anderen Worten welche Möglichkeiten und Restriktionen („Chancen" bzw. „Bedrohungen") gibt es hinsichtlich Kunden, Wettbewerber, Märkte usw.

> **Box 15: Organisations-Analyse**
>
> Die **Organisations-Analyse** ist eine modellhafte Erklärung der internen Organisation eines Unternehmens (im engeren Sinne) oder anderer Organisationsformen wie Staaten, NGOs u.ä. (im weiteren Sinne). Sie führt zu einem besseren Verständnis der Situation und zur Ableitung von Handlungsempfehlungen.

Dazu betrachtet man neben der Gesamtstrategie die vorhandenen Organisationsstrukturen, Prozesse und Systeme sowie die vorhandenen Ressourcen, die man immer in drei Kategorien einteilt: finanzielle, personelle und materielle Ressourcen (siehe auch Kapitel 3).

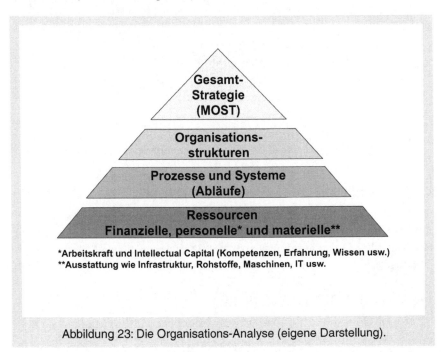

Abbildung 23: Die Organisations-Analyse (eigene Darstellung).

2.2   Die Internen Strukturen

Die Untersuchung der internen Strukturen ist im internationalen Kontext wichtiger denn je geworden, da die Stärken und Schwächen objektiv ermittelt werden müssen, um

1) die Aufstellung gegenüber dem internationalen Wettbewerb zu fixieren,

2) sämtliche strategischen Entscheidungen der Markteintrittsstrategie zu treffen und

3) die Art und Wege der Kundenbeziehung aufzustellen.

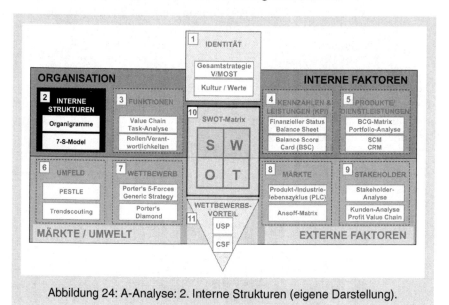

Abbildung 24: A-Analyse: 2. Interne Strukturen (eigene Darstellung).

2.2.1   Organisationsstrukturen/Organigramme

Strukturdiagramme und Organigramme können komplexe Organisationen zweidimensional oder sogar dreidimensional (bei Tensor-Organisationen, siehe unten) darstellen. Organigramme werden mit Bezeichnungen und Mitarbeitern pro Organisationseinheit versehen. Deren Anzahl können Personen oder FTE sein.

Box 16: Full Time Equivalent (FTE)

Ein FTE **(Full Time Equivalent)** entspricht der Tätigkeit eines Äquivalents, das beispielsweise 220 Tage im Jahr seinen Job 8 Stunden pro Tag 5 Tage die Woche ausführt. Teilarbeitszeiten und Aufsplitterung von Mitarbeitern auf zwei oder mehr Arbeitsbereiche führt zu FTE-Werten kleiner 1.

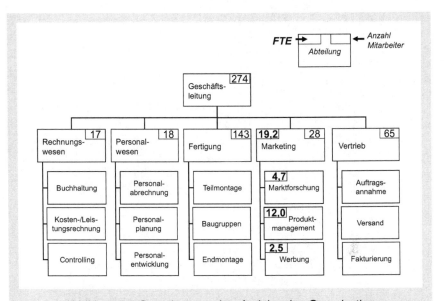

Abbildung 25: Organigramm einer funktionalen Organisation.
Im Diagramm sind im jeweiligen Kästchen links fettgedruckt die FTE Zahlen, rechts oben die Mitarbeiteranzahl angegeben. Am Beispiel Marketing lässt sich der offensichtliche Unterschied zwischen den tatsächlich 28 arbeitenden Mitarbeitern und der 19,2 FTE-Anzahl erklären: Es gibt mehrere Mitarbeiter in Teilzeit, die den FTE senken (eigene Darstellung).

Da in vielen Unternehmen Projekte abteilungsübergreifend sind, kommt es zu Matrix-Organisationen, d. h. Projektleiter führen fachlich, die Leiter einer Organisationseinheit (z. B. Abteilungsleiter, Geschäftsführer) disziplinarisch. Das führt gerade in internationalen und großen Organisationen zu sehr komplexen Gebilden, deren Führung für Projekt- und Teamleiter sehr herausfordernd sein können (Siehe Kapitel 14).

Internationale Konzerne werden von einer Firmenzentrale geführt, was oft mit dem angelsächsischen Begriff **Headquarters** (HQ) (Plural!) beschrieben wird. Oft werden aber, um ihre jeweilige Wichtigkeit hervorzuheben, in einer Organisation mehrere HQs geschaffen. Die Anzahl von HQs ist abhängig von den inhaltlich gebündelten Kompetenzen (IT-HQ, R&D-HQ usw.) oder es werden wegen der Bedeutung des Marktes oder wegen der logistischen Nähe zum Kunden (lokal, regional, kontinental) geographische HQs gegründet. Die letzteren beinhalten oft sämtliche Funktionen der Firmenzentrale, nur in kleinerer Ausführung. Bei solch einem dreidimensionalen Gebilde spricht man von einer **Tensor-Organisation** (siehe Abbildung 27).

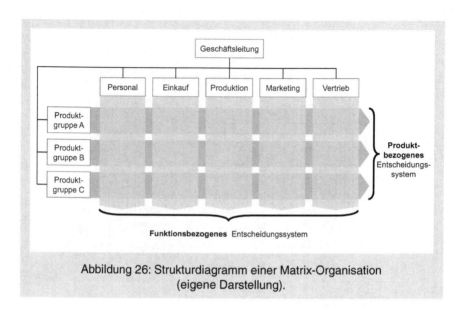

Abbildung 26: Strukturdiagramm einer Matrix-Organisation
(eigene Darstellung).

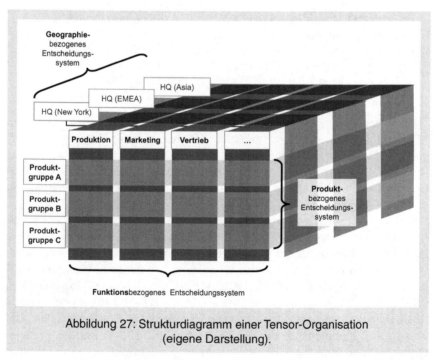

Abbildung 27: Strukturdiagramm einer Tensor-Organisation
(eigene Darstellung).

2.2.2   Das 7-S-Modell

Eine geeignete Methode, eine Organisation zu untersuchen und zu analysieren, ist das 7-S-Modell von McKinsey. In diesem Modell werden sieben Bereiche näher untersucht, die eine Organisationseinheit in greifbare (harte) und nichtgreifbare (weiche) Bereiche unterteilt. Alle Bereiche hängen miteinander zusammen und beeinflussen sich gegenseitig! Bei Change Management-Projekten (z. B. einer Restrukturierung) verändern sich alle sieben Bereiche, das heißt durch eine kleine Handlung innerhalb eines S werden die anderen sechs S beeinflusst. So führt die Veränderung der Strategie (Strategy) bei einer Erhöhung der Mitarbeiterzahl (Staff) zwangsläufig zu einer anderen Organisationsstruktur (Structure) mit anderer Führungsstruktur (Style) und dadurch bedingt zu einer neuen Kultur (Shared Values), daraufhin bedarf es anderer oder weiterer Systemunterstützung (Systems) und führt damit zu einer neuen Wertigkeit der Organisation (Skills) usw. (siehe Abbildung 28).

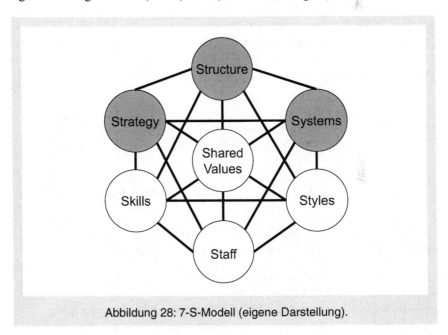

Abbildung 28: 7-S-Modell (eigene Darstellung).

Betrachtet man beispielweise den Kauf von Organisationen oder die Kooperationen mit internationalen Partnern, so ist es eine strategische Entscheidung, wie man sich international positioniert bzw. in den Markt eintritt (siehe Kapitel 8: Eintrittsstrategien). Das heißt der Manager muss jeweils eine 7-S-Modell-Analyse für jede in Betracht gezogene Organisation machen.

MERKE:

Akquisitionen und Kooperationen scheitern oft daran, dass man sich zwar die Mühe macht, die andere Organisation zu anlysieren, jedoch oft über die eigenen, tatsächlich „gelebten" Prozesse und genutzten Systeme und tatsächlich zur Verfügung stehenden Ressourcen nicht ausreichend realistisch im Bilde ist!

So wird der Aufwand für erfolgreiche Kooperationen unterschätzt, da sie mit dem vorhandenen Personal oft gar nicht gestemmt werden können, sowohl was die Quantität als auch die Kompetenzen (Interkulturelle oder fachliche Kompetenz und Erfahrung!) betrifft.

Es werden drei harte, weil gut objektiv messbar, und vier weiche Bereiche unterschieden (siehe Abbildung 29). Alle diese Faktoren müssen gut analysiert werden, da bei Kooperationen und ähnlichen Fragestellungen das 7-S-Modell im internationalen Kontext jeweils für jede Organisation angewendet werden muss, also auch für jeden einzelnen Kooperationspartner, für jede Firma bei einem Firmenzusammenschluss usw.

Strategy:	Beschreibung der Gesamtstrategie (MOST) des *Status quo*. Beschreibung möglicher Strategiewechsel aufgrund von äußeren Einflüssen.
Structure:	Struktureller Aufbau von Organisationen. Koordination von Funktionen einer Unit, abgebildet durch Organigramme, Hierarchielevel, Reporting-Lines, Stellenbeschreibung usw.
Systems:	Formale und informelle Prozesse, die das Geschäft tragen: Kommunikations- und IT-Systeme, Handbücher, Guidelines, SOPs, ISO900x, Liefer-/Wertschöpfungsketten usw.
Shared Values:	Unternehmenskultur, (internes) Employer Branding, Business-Ethik, Werte.
Style:	Management-Stil, Leadership-Stil, Gebäude, Ausstattung, CI, Uniformen, Logos, Verhalten der Mitarbeiter untereinander.
Staff:	Mitarbeiter und deren Ausbildungen, Qualifikationen und Erfahrungen.
Skills:	Fähigkeiten der Gesamtfirma (gesamtes intellektuelles Kapital), Allianzen, spezifische Produktionsverfahren.

Abbildung 29: Beschreibung einzelner Analysebereiche des 7-S-Modells (eigene Darstellung).

2.3   Die Funktionen

Funktionen, also die einzelnen Komponenten oder Organe von internationalen Organisationen, sind für ein Unternehmen von zentraler Bedeutung. Dabei ist nicht nur die Effektivität und Effizienz dieser einzelnen Funktionen für den Erfolg einer komplexen Organisation entscheidend. Wichtig ist die klare Definition und Abgrenzung der Aufgaben- und Arbeitsbereiche sowie das Zusammenspiel sowohl zwischen artfremden Abteilungen als auch gleichen Abteilungen verschiedener Standorte, Tochtergesellschaften und/oder HQs. Man spricht vom Schnittstellen-Management (**Interface-Management**).

> **Box 17: Interface-Management**
>
> Voraussetzung für ein optimales Interface-Management ist, dass jeder eine genaue Beschreibung seiner Tätigkeit (Jobprofil), seines Verantwortungsbereiches (Rollen und Verantwortlichkeiten) und des gesamten Wertschöpfungsbereiches kennt und versteht. Erst dann kann er die Nachbarabteilungen als „interne Kunden" wahrnehmen, verstehen und sich darauf einstellen bzw. an den internen Kunden anpassen.

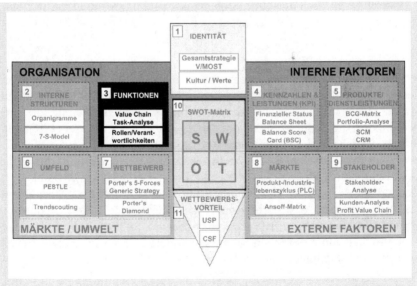

Abbildung 30: A-Analyse: 3. Funktionen (eigene Darstellung).

2.3.1   Die Wertschöpfungskette

Der Überblick über die Entstehung eines Produktes oder einer Dienstleistung und aller beteiligten Stakeholder und Organisationseinheiten ist essenziell, um internationale Wettbewerbsstärken und -schwächen zu erkennen.

Die Vorgehensweise ist wie folgt: Man ermittelt alle an der Wertschöpfungskette beteiligten

- Stakeholder,
- Organisationseinheiten,
- Prozesse und
- Systeme.

Box 18: Betrachtung der gesamten Wertschöpfungskette

Bei der Analyse der Wertschöpfungskette bestehen klassische Fehler darin, dass man Stakeholder nicht berücksichtigt und Einheiten zu spät oder gar nicht involviert werden, z. B. wurden und werden bei manchen Entwicklungen der Kunde oder das Marketing viel zu spät einbezogen! Prozesse und Systeme bergen Schnittstellenproblematiken und werden meistens erst angepasst, wenn die ersten Fehler im – oft ohnehin zeitkritischen – Projektstatus auftreten.

Michael E. Porter hat schon in den 1980er Jahren in seiner Value Chain versucht, die Wichtigkeit des gesamten Wertschöpfungsprozesses klar herauszustellen. Bemerkenswert ist die klare (externe) Kundenorientierung, die nach dem Modell letztendlich durch eine Marge gemessen wird. Porter (1985b) unterscheidet dabei zwischen primären Aktivitäten und unterstützenden Maßnahmen. Damit ist jedoch nicht die Wertigkeit bezüglich eines Erfolgs des Unternehmens gemeint, sondern die Nähe zum Produkt. Das heißt letztere Funktionen existieren in den meisten Unternehmen (nur in unterschiedlicher Ausprägung) und die Fachexpertise ist wichtiger als das Produktwissen, z. B. ein Controller wird in (fast) jedem Unternehmen seine Arbeit durchführen können, ohne genaue Produktkenntnisse haben zu müssen. Mitarbeiter aus der Entwicklungs- oder Verkaufsabteilung brauchen dagegen ein detailliertes Produkt-Know-how.

Obwohl Porter's Value Chain recht alt ist, wird sie immer noch angewandt. Besonders zur Analyse und Herausstellung von Prozessen und Funktionen. Im internationalen Unternehmen mit vielen Tochtergesellschaften oder in einer Firma mit verschiedenen internationalen Zulieferern und Kunden ist das Bild weitaus komplexer. Wer eine Firma analysiert, muss verstehen, wer wann wo zur „Produktveredlung" beiträgt und wer unterstützend wirkt. Vor allem damit keine Abteilung oder Einheit im internationalen Management übersehen wird, ist es sinnvoll, die Wertschöpfungskette zu skizzieren!

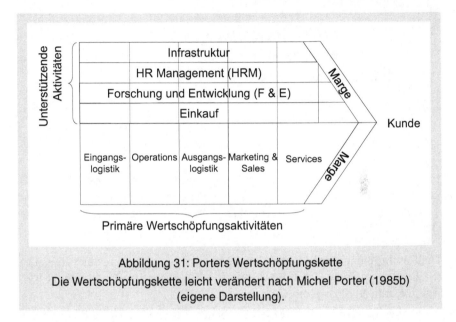

Abbildung 31: Porters Wertschöpfungskette
Die Wertschöpfungskette leicht verändert nach Michel Porter (1985b)
(eigene Darstellung).

Fragen zum Thema:

- Warum ist es wichtig, die Komponenten der Wertschöpfungskette zu kennen?
- Welche Komplexität kann es bei Wertschöpfungsketten im internationalen Kontext geben?
- Michael E. Porter unterscheidet zwei Gruppen, die zur Wertschöpfung beitragen. Welche sind das und nennen Sie mindestens drei Beispiele!

2.3.2   Die Task-Analyse

Eine Task-Analyse ist zur Abgrenzung und zur Identifizierung des Arbeitnehmers mit seiner Tätigkeit essenziell (Drucker, 1985). Man findet als Berater in vielen Firmen Mitarbeiter, die zwar sehr gut und fleißig arbeiten, allerdings nicht an den für sie bestimmten Themen. So unglaublich es klingt, aber mindestens 30% der Führungskräfte und Sachbearbeiter erledigen Aufgaben von Kollegen oder führen Aufgaben durch, die nicht in ihrer Stellenbeschreibung stehen (Untersuchung MDAX Unternehmen, A. Albrecht, nicht publiziert).

1) Externe und interne Rekrutierung

2) Leistungsüberprüfung

3) Training/Entwicklung von Mitarbeitern

4) Beförderung/Nachfolgeplanung

5) Bezahlung/Vergütung/Motivation

6) Rotation, Ex-/Inpatriierungen

7) Reorganisation/Restrukturierung

Abbildung 32: Bedeutung einer kompetenzbasierten Task-Analyse für das Unternehmen (eigene Darstellung).

Es ist essenziell, die Stellenbeschreibung schriftlich und objektiv[9] festzulegen. Gerade in einer internationalen Umgebung ist eine Standardisierung und Transparenz von immenser Wichtigkeit, um eine internationale Organisation steuern zu können.

Die Beschreibung der Aufgaben ist nicht nur zur Überprüfung der Tätigkeiten (Stellenbeschreibung = Job Description) wichtig, sondern kann genutzt werden, um anhand eines Kompetenzprofils

- die Ausführung der vorgeschriebenen Tätigkeiten zu verifizieren und durch ein sogenanntes *Grading System*, d. h. eine Einordnung der Stellen in ein leistungsbezogenes Vergütungssystem, zu belohnen,
- weitere Trainings- und Entwicklungsbedarfe abzuleiten,
- Überlappungen zu den Tätigkeiten anderer Mitarbeiter zu vermeiden (Redundanzen oder Gaps),
- den Einsatz des Mitarbeiters in anderen internationalen Organisationsteilen zu überprüfen,
- Ex- und Inpatriierungen[10] vorzubereiten,
- Personalentwicklungen und Karrierepfade abzuleiten,

---

9   Objektive Stellenbeschreibungen basieren auf den geforderten Kompetenzen, die für die Ausübung einer Tätigkeit einer bestimmten Stelle notwendig sind. Oft findet man in Unternehmen Stellenbeschreibungen, die auf den Kompetenzen und Erfahrungen von einer individuellen Person beruhen, z. B. Herr Max Mustermann, der schon 20 Jahre die Stelle innehatte, konnte perfekt japanisch, allerdings braucht man zur Ausübung seines Jobs diese Sprachkenntnis nicht. Trotzdem wurde Japanisch als Kompetenz für diese Stellenbeschreibung aufgenommen!

10 Impatriierung wird ebenfalls verwendet.

- verschiedene Motivationen und Ambitionen von internationalen Mitarbeiten auf die jeweiligen Kompetenzen abzustimmen.

Box 19: Standardisierung der Tasks (Aufgabenbeschreibungen)

Internationale Organisationen benötigen eine Standardisierung. Diese Aufgabenbeschreibungen sollten in allen Firmeneinheiten gleich aufgebaut sein, um eine Vergleichbarkeit zu gewährleisten. Tasks werden durch das Human Resource Management eingeführt und kontrolliert!

Zur erweiterten Task-Analyse gehört auch, was die Mitarbeiter während ihrer Arbeitszeit im Einzelnen tun. Also wie viel Zeit sie für Reisen, Meetings, Mitarbeiterführung, administrative Tätigkeiten, innovative/strategische „Freizeit" und Routinearbeit investieren.

Zusammenfassend gibt es also die sach-/fachbezogene und die zeitbezogene Task-Analyse.

Fragen zum Thema:

- Warum ist es wichtig, schriftliche und objektive Stellenbeschreibungen zu haben?
- Beschreiben Sie, was passiert, wenn die Stellenbeschreibung in einer internationalen Organisation nicht standardisiert ist!
- Wie überprüfen Sie, ob die Mitarbeiter ihre eigentlichen Aufgaben ausführen?
- Was sind versteckte „Ressourcen-Fresser"?

2.3.3   Rollen und Verantwortlichkeiten

Rollen und Verantwortlichkeiten (R&V, im englischen als R&R = Roles and Responsibilities) sollten durch die Stellenbeschreibung abgedeckt werden. Im internationalen Kontext ist das Verständnis für R&V sehr unterschiedlich, weil das Erwartungsspektrum und die Vergütung kulturell verschieden sind. Auf der operativen Ebene gibt es oft Missverständnisse: Beispielsweise besitzt ein Abteilungsleiter im Headquarters möglicherweise eine höhere Verantwortlichkeit als in der Tochterorganisation. Hingegen ist ein Geschäftsführer einer kleinen Tochtergesellschaft möglicherweise unbedeutender gegenüber einem Werksleiter eines wichtigen Erzeugnisses. Deshalb ist es notwendig, die R&V von Anfang an klar zu kommunizieren, um gegenüber den ausländischen Tochtergesellschaften ein einheitliches Bild zu spiegeln.

Internationale Teams und Matrixorganisationen erfordern klar definierte Rollen und Verantwortlichkeiten. Festgelegte Tasks unterstützen dies, jedoch sind meistens Führungsverantwortungen und projektbezogene Verantwortlichkeiten nicht geregelt. Da heute Manager oft mehrere Projekte betreuen, nehmen sie in jedem Projekt(team) eine unterschiedliche Rolle ein. Dem Rechnung zu tragen erfordert einen hohen Abstraktionsgrad!

Box 20: Einflussfaktoren auf das Rollen- und Verantwortlichkeitsverständnis

Die von der Persönlichkeit getriebenen favorisierten Rollen in einem Team, die Belbin (1993) als Teamrollen in der Arbeitswelt beschrieb, werden zusätzlich durch die Funktion und die Rolle, in der sich der Mitarbeiter befindet, interpretiert! Daher ist es zwingend notwendig, nicht nur den Führungsstil, sondern auch das Rollen- und Verantwortungsspektrum seines internationalen Geschäftspartners zu kennen und zu verstehen!

	Rolle	Verantwortung
1	Fachliche Verantwortung (Sachbearbeiter, Experte)	1.1 Ausführung eigener Aufgaben 1.2 Unterstützung anderer Funktionen 1.3 Koordination Interfacemanagement
2	Ressourcen-Verantwortung (Manager)	2.1 Personelle Ressourcen 2.2 Finanzielle Ressourcen 2.3 Materialienfluss: SCM
3	Führungsverantwortung	3.1 Organisation → Governance 3.2 Mitarbeiterführung → Leadership 3.3 Business-Ethik → CSR
4	Projektverantwortung	4.1 Zielverfolgung 4.2 Teamkoordination 4.3 Risikomanagement
5	Systemverantwortung	5.1 System Owner 5.2 System Administrator 5.3 Controller
6	Knowledgement-Verantwortung	6.1 Intellectual Capital → Know-How-Speicherung 6.2 Informationsfluss → Training 6.3 Informationsschutz → Competitive Intelligence

Abbildung 33: Rollen und Verantwortlichkeiten (eigene Darstellung).

Nähere Ausführungen zu Teamrollen und Führen von Mitarbeitern und Kollegen in Teams finden Sie in Kapitel 14.

2.4   Die Kennzahlen und Leistungen

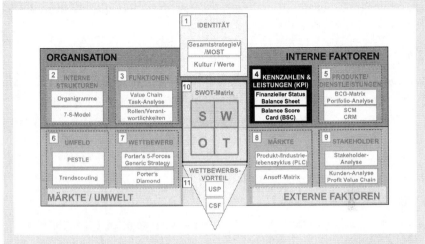

Abbildung 34: A-Analyse: 4. Kennzahlen und Leistungen (eigene Darstellung).

Betrachtet man die gesamte Wertschöpfungskette, so gibt es viele KPI (Key Performance Indicators), mit denen man den Wertschöpfungsprozess messen und überprüfen kann. Das gilt sowohl für die Effektivität als auch die Effizienz:

Abbildung 35: Analyse kritischer Erfolgsfaktoren in der Wertschöpfungskette.
Erfolgsfaktoren in der Wertschöpfungskette, verändert nach Michael Porter (1985b). SOP = Start of Production, EOP = End of Production, FIFO = First (product) In/First (product) Out (SCM/logistic terminology), MbO = Management by Objectives (Führen nach Zielen), PrP = Performance related Pay (leistungsabhängige Vergütung), P2M = Performance/Patents to Market, T2M = Time to Market (eigene Darstellung).

Übergreifend ist die Fragestellung **Time to Market (TM2)**: Wie schnell bringe ich das Produkt zur Marktreife bzw. wie schnell kann ich den Service anbieten. Viele Firmen nutzen dazu **Enterprise-Resource-Planning-Systeme (ERP-System)**.

2.4.1   Kennzahlen/Key Performance Indicators (KPI)

Leistung (Performance), also Arbeit multipliziert mit Zeit, lässt sich innerhalb folgender Parameter gut erklären und abbilden (siehe Abbildung 36):

- Mit welchem Ressourcenaufwand (Finanzen, Personal, Material/Maschinen),
- in welcher Zeit,
- mit welchem Kostenaufwand und
- mit welcher Qualität

wird ein Produkt gefertigt bzw. eine Dienstleitung angeboten.

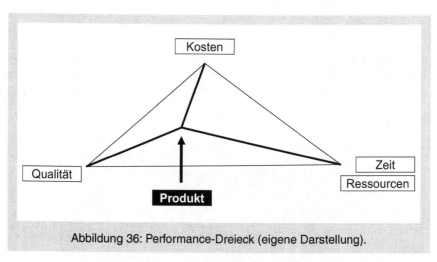

Abbildung 36: Performance-Dreieck (eigene Darstellung).

Gerade bei dieser Betrachtung wird klar, dass im internationalen Kontext verschiedene Kulturen ein unterschiedliches Verständnis von Zeit oder Qualität haben.Das führt zu größeren Problemen in der Fertigung und Produktabnahme, ebenso beim Endverbraucher. Beispielsweise kann bei dem Bezug von Einzelteilen aus verschiedenen Ländern durch uneinheitliche Produktspezifikation ein Endprodukt aus mehreren Farbtönen bestehen, das den Endverbraucher stört. Oder dieser akzeptiert es, da es preiswert ist.

Box 21: Kennzahlen

Kennzahlen oder Key Performance Indicators (KPI) sind spezifische und aussagekräftige Kenngrößen, anhand derer sich leistungsrelevante Aussagen bezüglich Zielerreichung (Effektivität) und Modalität der Umsetzung (Effizienz) machen lassen.

2.4.1.1   KPI in der Entwicklung

- Wie schnell kann ein Produkt entwickelt werden?
- Wie viel der gewünschten Spezifikation/Patente können wirklich realisiert werden (P2M = Performanc to Market oder Patent to Market)?
- Werden die Kundenwünsche berücksichtigt (Customer Satisfaction)?

2.4.1.2   KPI in der Produktion

- Wann kann der erste Prototyp hergestellt werden, wann die Serienproduktion = SOP (Start of Production) anlaufen?
- Wann ist das Produkt fertiggestellt (EOP = End of Production) bzw. wie lange braucht man vom Order-Eingang bis zum Verschicken des Produktes?
- Welche Leerstandszeiten haben wir (**Idle Capacity**)?
- Wo sind die Bottlenecks?

2.4.1.3   KPI in der Logistik

- Produktbestellung, Verpackung, Transport/Verschickung und Auslieferung
- Lagerhaltung und -management:
  - Temporal:
    - First In – First Out (FIFO): Die am längsten gelagerten Produkte werden als erstes entnommen.
    - Last In – First Out (LIFO)/First In – Last Out (FILO): Deponierung von Produkten, Bestellungen werden direkt aus der Produktion oder von zuletzt gelagerten Waren entnommen.
  - Wert:
    - Highest In – First Out (HIFO): Das wertvollste Produkt wird zuerst weitergegeben. Working Capital, also „Totes Material" (gelagerte Edukte und Produkte) und Lagerkosten werden somit reduziert.

    ◦ Lowest In – First Out (LOFO): Das billigste Produkt wird zuerst weitergegeben. Die Reserve von teuren Gütern wird angestrebt.

    ◦ Bei verderblichen Waren geht man nach dem Prinzip „First Expired – First Out" (FEFO), das am schnellsten Verderbliche wird als erstes entnommen.

2.4.1.4   KPI im Leadership

- Sind die Ziele klar formuliert, verstanden und werden sie stringent verfolgt: MbO = Management by Objectives (Führen nach Zielen)?

- Werden alle Stakeholder in die Feedback und Kommunikationsschleife integriert: Führung der Mitarbeiter und anderer Stakeholder sowie interner und externer Kunden (360°-Feedback)?

- Sind die Mitarbeiter ausreichend motiviert, das Ziel zu erreichen: Sowohl nicht monetär als auch monetär (PrP = Performance related Payment, leistungsabhängige Vergütung)?

2.4.1.5   Kundenmanagement

- Haben wir ausreichende und die richtige Information über den Kunden (Profiling)?

- Können wir dem Kunden Preisreduktion geben (Produktmarge abhängig von Kosten und Verkaufserlös)?

- Wie viele Stückzahlen haben wir verkaufen können?

- Was wissen wir über die Kundenzufriedenheit (Customer Satisfaction)?

2.4.2   Finanzieller Status

Die Analyse der finanziellen Ressourcen ist neben der Auswahl und Bereitstellung von geeignetem Personal der entscheidende Erfolgsfaktor: Das heißt die Information über (greifbares und nicht greifbares) Vermögen, Liquidität und steuerliche Flexibilität, also Fixed Assets, Working Capital, Cashflow, ROI usw., ohne weiter dabei in die finanziellen Kennzahlen eintauchen zu wollen.

Durch die Analyse sollte klar werden, wie profitabel eine Organisation ist: Alle Margen müssen errechenbar und nachvollziehbar sein. Dadurch kann man Abschreibungen und steuerliche Vorteile nutzen.

Zusätzlich ist es unabdingbar zu erkennen und zu erfassen, wo Kosten entstehen, wann und wie mit diesen umgegangen wird. Reicht man beispielsweise eine Preiserhöhung der Rohstoffe an den Kunden gleich weiter, preist man bestimmte Kosten ein oder weist man sie stets aus?

Im internationalen Business ist das umso wichtiger, da man möglicherweise steuerliche Vorteile von einzelnen Ländern ausnutzen kann, fixe Kosten durch geringe Personalkosten reduzieren kann. Allerdings mehren sich gerade bei solchen Überlegungen die Gefahren von business-ethisch fragwürdigen Praktiken: z. B. Herstellung von Produkten unter menschenunwürdigen Bedingungen oder Steuerflucht internationaler Konzerne, die im jeweiligen Land große Gewinne einfahren, aber mit dem Hinweis der Lokalisierung des HQs dort nicht versteuern müssen.

Der internationale Manager, der Budget-(Mit)Verantwortung hat, sollte sich stets der Kennzahlen bewusst sein und sich folgende fünf W-Fragen stellen:

- **Was** investiert man im Verhältnis zum Gewinn oder Umsatz?
- **Wo** bedient man sich der Ressource, also nimmt man interne oder externe Ressourcen in Anspruch?
- **Wer** hat die Kompetenzen und wie stark sind sie ausgeprägt, um die Aufgaben zu bewältigen?
- **Wie** liquide ist man (Cashflow), d h. wie viel Kapital ist gebunden (Working Capital)?

Wichtige finanzielle Größen einer Organisation

- Umsatz
- Fixe und variable Kosten
- Abschreibungen
- Gewinn vor/nach Steuern
- Cashflow (verfügbares Geld)
- Working Capital (gebundenes Geld)
- Verschuldungen/Verpflichtungen
- Debitoren/Debitoren-Management
- Investments und deren kurzfristige/langfristige Ausschüttung (ROI = Return of Investment): Geldmitteleinsatz in F&E, Produktions(maschinen), Training/Schulung von MA (HRM).

Abbildung 37: Wichtige finanzielle Größen (eigene Darstellung).

2.4.3   Balance Scorecard (BSC)

Die Idee von Kaplan und Norton (1992, 1996) war es, eine ausgewogenere Analyse des Unternehmens ausschließlich über finanzielle Kennzahlen abzubilden. Das war damals streitbar, da sich die Unternehmer in den 1990er immer mehr den Interessen der Shareholder verschrieben hatten und vorwiegend die finanziellen Kennzahlen in den Vordergrund rückten.

Es ist strategisch bedeutsam, alle Bereiche, die bei der Produktentwicklung involviert sind, ausgewogen zu betrachten. Damit ist die Aussagekraft über die Leistungsfähigkeit einer Firma erhöht: Also wird neben den finanziellen Kennzahlen auch messbaren Bereichen für die Wachstums- und Entwicklungsstrategie des Unternehmens mehr Aufmerksamkeit geschenkt. Das sind beispielsweise internationales Kundenmanagement und internationale Businessprozesse. Tatsächlich hat man festgestellt, dass sich auch weitere Komponenten wie Kundenzufriedenheit/-betreuung oder Mitarbeitermanagement längerfristig auf den Erfolg eines Unternehmens auswirken, sich kurzfristig aber nicht durch Finanzkennzahlen darstellen lassen. Letztendlich spiegeln sich zwar sämtliche Aktivitäten in den Zahlen wider, oft ist das erst längerfristig und indirekt festzustellen.

Dieses Modell ist jederzeit anpassbar und die Bereiche können theoretisch beliebig erweitert werden. Erfahrungsgemäß sollten aber nicht mehr als vier bis acht Bereiche gegenüber gestellt werden.

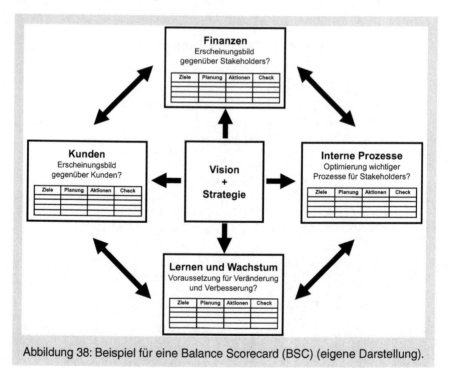

Abbildung 38: Beispiel für eine Balance Scorecard (BSC) (eigene Darstellung).

Fragen zum Thema:
- Haben Sie in Ihrer Arbeit KPIs (Key Performance Indicators) definiert?
- Welche KPIs sind die wichtigsten, um Ihre Leistung am besten darzustellen?
- Welche Reihenfolge haben sie?
- Haben Sie externe Messlatten wie DIN, ISO, Notensysteme etc.?
- Welche Qualitätkontrolle haben Sie aufgestellt?
- Benutzen Sie ganzheitliche Systeme wie Balance Scorecard (BSC)?
- Welche finanziellen Messgrößen spiegeln Ihren Erfolg wider?

2.5   Produkte und Dienstleistungen

Produkte und Dienstleistungen, die eine Firma produziert bzw. anbietet, müssen sowohl in Relation zueinander als auch in Verbindung zum Markt betrachtet werden, um strategische Entscheidungen treffen zu können, in welche Produktlinie und wie stark investiert werden soll. Die generellen Entscheidungen, ob man möglicherweise sogar das gesamte Geschäftsmodell anpassen muss, resultieren genau aus diesen Analysen.

Aus der Sicht eines internationalen Unternehmems ist nicht nur die richtige Einordnung seiner eigenen Produkte oder Dienstleistungen strategisch wichtig, sondern auch die aller vorhandenen Mitbewerberprodukte und möglichen Alternativen (siehe Abbildung 54: Porter's 5-Forces).

Drei wichtige Modelle, die am Übergang von der internen zur externen Analyse stehen, sind

- die **Portfolio-Analyse** (**BCG-Matrix**, Abbildung 40 und 41),
- die **Wert-Gewinn-Kette**, die die Kunden durch intern optimierte Rahmenbedingungen bindet (Heskett's Value Profit Chain, Abbildung 46) und
- das **Supply Chain Management**, also die Betrachtung der internationalen Liefer- und Versorgungsketten.

Alle drei dienen der internen Betrachtung der Produkte (bzw. Dienstleistungen), der Kunden und der Zulieferer (Supplier) aus der Sicht des Unternehmens bezogen auf den globalen Markt.

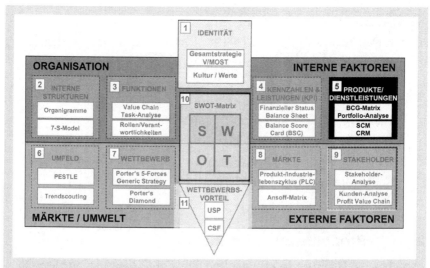

Abbildung 39: A-Analyse: 5. Produkte und Dienstleistungen (eigene Darstellung).

2.5.1   BCG-Matrix/Portfolio-Analyse

Die BCG (Boston-Consulting)-Matrix ist ein Hilfsmittel, um Parameter (das können Produkte, Märkte, Wettbewerber usw. sein) zweidimensional zwischen relativem Markanteil und Marktwachstum (Marktpotenzial) einzuordnen und zu vergleichen. Dabei wird oft der Kreisdurchmesser in Relation zum betreffenden Gesamtmarktanteil gewählt. Eine Vereinfachung – auch unter Studierenden beliebt – ist die Grobeinteilung in vier Quadranten[11], die treffender Weise als „Star", „Cash Cow", „Question Mark" und „Dog" bezeichnet werden.

MERKE:

Generell ist Vorsicht beim Auswendiglernen von Matrizen geboten, da sowohl die Achsen als auch die Achsenrichtungen vertauscht sein können. Beim Zeichnen solcher Modelle sollte immer in nachstehender Reihenfolge verfahren werden: Erst die Achsenbeschriftungen, dann die Einheiten. In Abbildung 40 ist also nur eine von vier Möglichkeiten dargestellt!

---

11   Analog dazu ist die GE-Matrix eine 9 Boxen-Matrix, die dadurch noch etwas granulierter das Portfolio darstellt aber nach demselben Prinzip verfährt (siehe Abbildung 87).

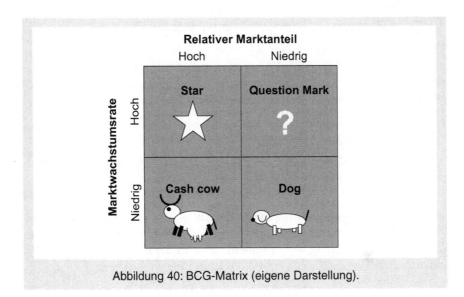

Abbildung 40: BCG-Matrix (eigene Darstellung).

Abgeleitet davon lassen sich Gesamtportfolio-Analysen erstellen, die zu strategischen Produktentscheidungen beitragen, wenn man den Aufwand der Produktion oder die Betreuung eines Produkts mit dem Reingewinn vergleicht!

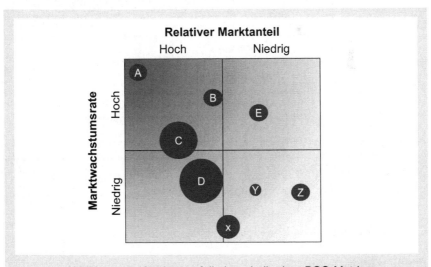

Abbildung 41: Kundenportfolio innerhalb einer BCG-Matrix.
Zusätze wie der Kreisdurchmesser oder die alphabetische Reihenfolge können beispielsweise (als 3. und 4. Dimension) den Umsatzanteil bzw. die Produktinnovation darstellen (eigene Darstellung).

2.5.2 Customer Relationship Management (CRM)

Der Aufbau von Vertrauen und der eines ausgeprägten Beziehungsmanagements ist essenziell. Nur durch Authentizität und vollen Einsatz können Kunden überzeugt werden, Produkte zu kaufen, Dienstleistungen in Anspruch zu nehmen bzw. zusammen Projekte zu planen und durchzuführen.

Box 22: Beziehungsmanagement

Beziehungsmanagement ist als Grundlage für jeden Vertrauensaufbau und für jegliche Zusammenarbeit essenziell!

Systemisches Kundenmanagement (CRM) ist ein eigenes Thema und soll bezüglich internationaler Bedeutung hier nur so weit angesprochen werden, als dass CRM im nationalen Kontext allein schon in der richtigen Betreuung bei einer Dienstleistung oder des Produktverkaufs eine wichtige Rolle spielt.

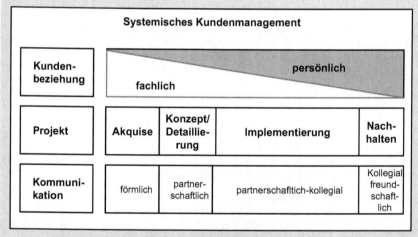

Abbildung 42: Kundenbeziehung innerhalb des Systemischen Kundenmanagement (eigene Darstellung).

Die drei Phasen der Kundenbetreuung:

Pre-Relation:

- Die Kundenakquise bzw. (Produkt)promotion,
- Werbung für das Unternehmen/Employer Branding.

Inter-Relation:

- Kundenbegleitung während eines Projektes bzw. einer Produktwahl und Kaufentscheidung,
- Kostenlose Testphasen/Service-Vorleistungen.

After-Relation:

- Evaluierungen,
- Complaint-Service (Beschwerde-Service), After-Sales-Betreuung und Kundenkontakt nach Abschluss von Projekten und Produktverkauf.

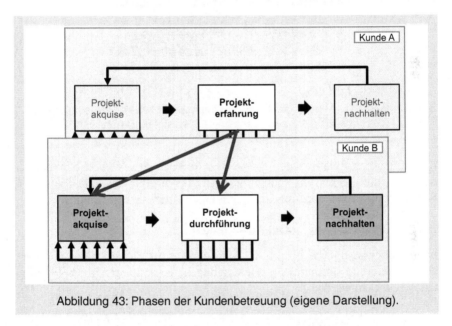

Abbildung 43: Phasen der Kundenbetreuung (eigene Darstellung).

Borg und Johnston haben 2013 die strategische Wichtigkeit für den erfolgreichen Business-Verkauf anhand von verschiedenen Ebenen dargestellt. So hängt der erfolgreiche Verkauf von Produkten im Wesentlichen von sechs Stellschrauben ab, die sich wiederum gegenseitig beeinflussen:

So sind erstens **Empathie,** zweitens **emotionale Intelligenz** sowie drittens **internationale und interkulturelle Kompetenz** in der Regel die Voraussetzung für viertens **beziehungsbasiertes Verkaufen** (Relationship Intelligence), fünftens **situationsbezogenes Verkaufen** (adaptives Verkaufen oder am „point of sell") und/oder sechstens **kundenbezogenes Verkaufen**. Letzteres ist notwendig, aber ohne Ersteres nicht denkbar.

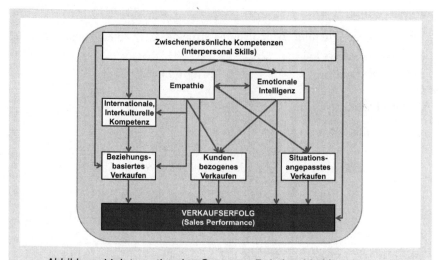

Abbildung 44: Internationales Customer Relationship Management.
Verkaufserfolg in Abhängigkeit von zwischenmenschlichen Beziehungen, verändert nach Borg and Johnston (2013) (eigene Darstellung).

Beim Customer Relationship Management werden gängigerweise in internationalen Unternehmen im Rahmen von ERP (Enterprise Resource Planning)-Systemen die Daten von Kunden erfasst und weiterverarbeitet.

2.5.3   Internationale Auftrags-Analyse

In einer sechsstufigen Auftrags-Analyse kann der Auftrag spezifiziert und vor dem Hintergrund internationaler Beteiligungen klar definiert und den Beteiligten zugewiesen werden.

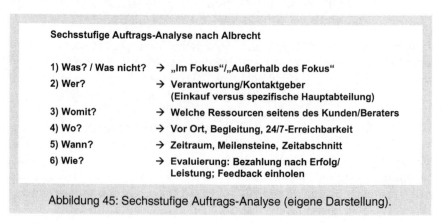

Abbildung 45: Sechsstufige Auftrags-Analyse (eigene Darstellung).

Fragen zum Thema:

- Wer ist Ihr Kunde (intern und extern!)?
- Was sind die Erwartungen des Kunden an mich?
- Wie kann ich diese Erwartungen erfüllen?
- Wie kann ich Kundenzufriedenheit generell steuern?
- Oft wird „Vertrauen" als kritischer Erfolgsfaktor in Kundenbeziehungen genannt. Wo würden Sie das in der Abbildung 44 einordnen?

2.5.4   Value Profit Chain

Heskett und seine Mitarbeiter konnten 1994 nachweisen, dass Mitarbeitermotivation zur Profitabilität des Unternehmens durch Kundenbindung beiträgt, und fassten die Erkenntnisse in der **Heskett Value Profit Chain** zusammen.

Die Heskett Value Profit Chain erklärt den Zusammenhang zwischen Mitarbeitermotivation und dadurch bedingter interner Loyalitätssteigerung und die damit verbundene Identifikation mit dem Unternehmen. Diese führt wiederum zu einem besseren Kundenkontakt und damit zu einer besseren Kundenbindung (Heskett et al, 2003). Dies führt im Folgenden zu einer erhöhten Kundenloyalität, die sich dann für das Unternehmen in einem gesteigerten Umsatz bzw. Gewinn ausdrückt. Der Erfolg des Unternehmens (externes Employer Branding) motiviert dann die Mitarbeiter weiterhin positiv. Somit schließt sich der positive Kreislauf.

Box 23: Einschränkungen der Messbarkeit der Heskett Value Profit Chain
Die Gewinne aufgrund längerfristiger Kundenbindung durch exzellente Mitarbeiter werden allerdings oft durch kurzfristige Maßnahmen überdeckt. Eine Streichung im Entwicklungsetat oder ein Stellenabbau in einer Firma führt zu einer höheren Gewinnmarge. Ob das jedoch dem Unternehmen eine längerfristig höhere Kundenbindung garantiert, ist nicht nur fraglich, sondern oft genau gegenteilig der Fall, da die Serviceleistung abnimmt!

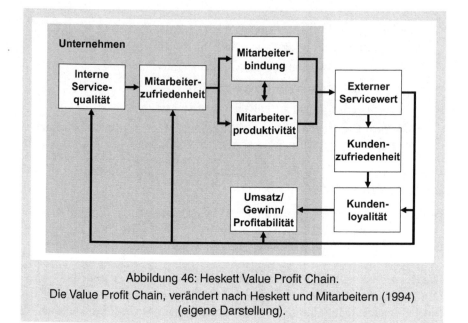

Abbildung 46: Heskett Value Profit Chain.
Die Value Profit Chain, verändert nach Heskett und Mitarbeitern (1994)
(eigene Darstellung).

Fragen zum Thema:

- Was für Vor- und Nachteile gibt es bei virtuellen und internationalen Teams hinsichtlich der Heskett Value Profit Chain?
- Wie kann man wo am besten Mitarbeiter innerhalb der Heskett Value Profit Chain motivieren?
- Inwiefern sehen Sie einen Zusammenhang zwischen internem Employer Branding und Kundenloyalität?
- Gibt es auch einen direkten Einfluss der Kundenloyalität auf die Produktivität bzw. Motivation der Mitarbeiter?

2.5.5   Supply Chain Management

Internationales Supply Chain Management (SCM) ist eine der Kernaufgaben von internationalen Unternehmen, da hier alle Verbindungen zur Produktentstehung und -auslieferung zusammenlaufen: Von der Forschung bis zum Verkauf, von den Händlern bis zum Lieferanten, von Grenzen überschreitender Logistik und Risikomanagement. Das Risikomanagement kommt z. B. beim Ausfall wichtiger Zulieferer oder Transportrouten zum Tragen.

Kein Bereich ist so stark von der Internationalisierung und Globalisierung betroffen wie das Supply Chain Management (SCM), also auch das Outsourcing an Dritte (3PL = 3 Part Logistics) oder die Produktion durch Eigenfertigung oder durch sogenanntes Fremdfertigen (Tolling) (Tyan et al., 2003).

Im Abschnitt Globalisierung werden die Herausforderungen für internationales SCM näher beschrieben und im Kapitel 8 Markteintrittsstrategien das potenzielle Auslagern von Tätigkeiten aus der Firma durch Kooperationen und Lizenzgeschäfte dargestellt.

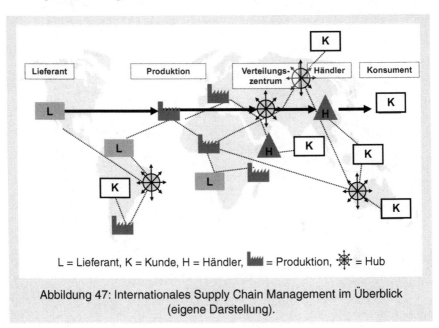

Abbildung 47: Internationales Supply Chain Management im Überblick (eigene Darstellung).

Fragen zum Thema:
- Wie hoch ist der Aufwand, die komplette Supply Chain zu überwachen und zu koordinieren, wenn sich die Anzahl der Beteiligten verdoppelt?
- Welche Komplexität wird durch verschiedene Länder und Kontinente erzeugt?
- Wo sehen Sie die Vorteile/Nachteile einer globalen Lieferkette? Welchen Vorteil hat speziell der Kunde und warum?

EXTERNE ANALYSE: INTERNATIONALES MANAGEMENT

Die nachfolgenden Kapitel befassen sich mit den externen Faktoren, also dem gesamten internationalen Umfeld, das die Firma beeinflusst, mit dem die Firma interagiert und das die Firma für ihren Erfolg nutzt. Dabei darf business-ethischer Erfolg nicht mit Profit- oder Umsatzsteigerung gleichgesetzt werden.

Box 24: Umfeld-Analyse

Eine **Umfeld-Analyse** ist die modellhafte Erklärung der externen Umgebung eines Unternehmens oder einer Organisation. Sie führt zu einem besseren Verständnis der Situation und zur vollständigeren Analyse und Prognose von Status bzw. Wettbewerbsvorteilen und -nachteilen.

2.6   Die Umfeld-Analyse

Bei der Umfeld-Analyse wird das direkte und weitere Umfeld betrachtet und untersucht, welche Haupttreiber hinsichtlich externer Faktoren, also Wettbewerber, Kunden, Lieferanten und Innovationen (Trends) im internationalen Kontext für die Firma bedeutsam sind. Während früher eher der Binnenmarkt analysiert wurde, ist eine internationale und globale Betrachtung für die Existenz der Firmen unvermeidlich, ja absolut notwendig geworden!

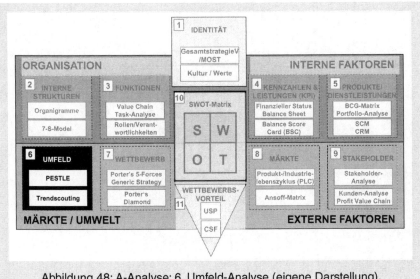

Abbildung 48: A-Analyse: 6. Umfeld-Analyse (eigene Darstellung).

2.6.1   PESTLE-Analyse

Nicht nur in der akademischen Ausbildung wird sie oft verwendet: nach wie vor ist sie auch immer noch im Businessleben *die* Analysemethode Nr.1: Die PESTLE-Analyse. Sie ist einfach und deckt in der Regel alle wichtigen Bereich ab, auch um Markteintrittsstrategien abzusichern (siehe Kapitel 8).

	Factors	Faktoren
P =	Political	**= politische**
E =	Economical	**= wirtschaftliche**
S =	Social	**= gesellschaftlich-kulturelle**
T =	Technological	**= technologische**
L =	Legal	**= gesetzliche/regulatorische**
E =	Environmental / Ecological	**= ökologische/umweltrelevante**

Abbildung 49: PESTLE-Analyse (eigene Darstellung).

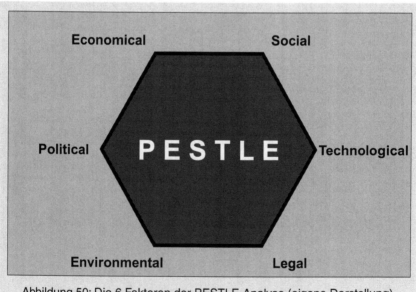

Abbildung 50: Die 6 Faktoren der PESTLE-Analyse (eigene Darstellung).

P steht für *politisch*, das heißt alle relevanten politischen inklusive der militärischen, geopolitischen und system-ideologischen Eigenschaften werden betrachtet. Es können aber auch die Einrichtung von Embargos und Handelszonen Analysegegenstand sein.

E steht für *wirtschaftlich* (*economic*), das heißt in welcher wirtschaftlichen Lage und Abhängigkeit befand bzw. vor allem befindet sich ein Land und welche Möglichkeiten eröffnen sich hierbei für Firmen.

S steht für *sozial*, betrifft also alle gesellschaftlichen, aber auch sozioökonomischen Faktoren wie Demographie, Bildung und Gesundheit.

T steht für *technologisch*. Hier sind in erster Linie Fragen zur Infrastruktur, zum Innovationspotenzial und zur Energieversorgung zu klären.

L für *legal* steht für regulatorische und legislative Fragestellungen, also für Gesetzgebung, neue Gesetze, Handelsabkommen, vertragsrechtliche Fragestellungen und Richtlinien. Es gibt manchmal Überschneidungen zu dem Punkt Political.

E steht für *environmental/ecological/ethical* (für umweltrelevante und ethische Fragestellungen). Alles, was „Nachhaltigkeit" und Corporate Social Responsibility (CSR) sowie „grüne" Energie und business-ethische Fragestellungen betrifft, wird hierunter abgedeckt.

Dimensionen	Bereiche / Faktoren
- Political	**Politische**: Korruptionen, Stabilität des Landes usw.
- Economical	**Wirtschaftliche**: Absatzmarkt, Kaufkraft, Handelsbeziehungen, Wettbewerb usw.
- Social	**Gesellschaftliche**: Gesellschaftsform, Pro-Kopf-Einkommen, Bildungsstand, Ausbildung, Kultur usw.
- Technological	**Technologische**: Innovationskraft, Infrastruktur, Logistische Wege, Automatisierungsgrad usw.
- Legal	**Gesetzliche**: Gesetze, Richtlinien, Kodizes, Steuern, Zölle usw.
- Ecological	**Umwelt**: Unternehmensphilosophie, Verantwortlichkeit des Unternehmens / Business-Ethik, grüne Technologien, Entsorgung von (Produktions)abfällen usw.

Abbildung 51: Untersuchungsbereiche einer standardisierten PESTLE-Analyse (eigene Darstellung).

Political	Globaler Einsatz zum Schutz der eigenen Bevölkerung, Reduktion der Todesrate in Afrika
Economical	Profitables Geschäft, Monopol-Stellung
Social	HIV-Infektionen nehmen in Europa / USA ab, AIDS-Seuche breitet sich global immer noch aus
Technological	Neues Medikament basierend auf neuester biotechnologischer Entwicklung
Legal	Stark regulierter Markt durch Behörden und Gesundheitsorganisationen
Economical	Verpackungsarme und nachhaltige Herstellung des Medikaments

Abbildung 52: Anwendung der PESTLE-Analyse.
Investition eines pharmazeutischen Unternehmens in eine Medikamentenentwicklung gegen das HIV-Virus im Kampf gegen AIDS (eigene Darstellung).

Um die Dynamik eines internationalen Umfelds richtig abschätzen zu können, werden Beobachtungen zu globalen Trends (siehe Kapitel 1.2.2) erforderlich. Überlegt man eine neue Produktionseinheit aufzubauen, ist es ratsam, sowohl die internationalen Handelsketten und Zulieferer zu untersuchen als auch neue Trends wie Industry 4.0 gleich in der neuen Niederlassung umzusetzen.

2.6.2   Trendscouting

Um innovativ zu sein, muss permanent strategisch nach neuen Trends und Optionen für bestehende Produkte zu deren Weiterentwicklung oder zur Neuentwicklung geforscht werden. Dabei bewegt sich Trendscouting im Bereich zwischen Markt-Analyse und Competitive Intelligence[12]. Dazu werden allgemeine Trends einer bestimmten Gesellschaft bzw. Weltbevölkerung (Makro-Trends bzw. Mega-Trends) (siehe Kapitel 1.2.2) oder ein spezifischer Markt eines Produktsegments (Mikro-Trends) beobachtet, analysiert und dokumentiert. Daraus lassen sich Bedürfnisse der Menschen ablesen. Von diesen lassen sich dann neue Produkte oder Anwendungsbereiche ableiten, z. B. unbemannte Drohnen als Paketlieferanten.

---

12   Competitive Intelligence ist die strategische und operationelle Beobachtung von Wettbewerbern durch Daten- und Produktsammlung im Rahmen gesetzlicher und businessethischer Grundlagen. Sonst würde es sich um illegale Industriespionage handeln.

Global wird es immer schwieriger, echte Trends einzufangen, da die internationale Beständigkeit extrem kurz geworden ist. Das ist um so bedeutender, da man abschätzen muss, ob sich die kostenintensive Forschung und Entwicklung lohnt, und man nicht Gefahr läuft, Fehlinvestitionen zu tätigen.

Fragen zum Thema:

- Warum wurde die PEST-Analyse in den 80er Jahren um die Faktoren „Legal" und „Environmental" erweitert, gerade hinsichtlich internationalen Managements?
- Warum ist eine PESTLE-Analyse so wichtig, wenn man eine Internationalisierungsstragie plant?
- Ist Spionage und Competitive Intelligence das Gleiche? Wie grenzen Sie beide Begriffe zu Trendscouting ab?

2.7   Der Wettbewerb

Einer der wichtigsten Orientierungsgrößen im internationalen Geschäft ist die Beobachtung, was die direkte Konkurrenz tut (Competitive Intelligence) und wo und wer neuer Konkurrent werden könnte und wie man sich gegenüber bestehenden und neuen Mitbewerbern schützt.

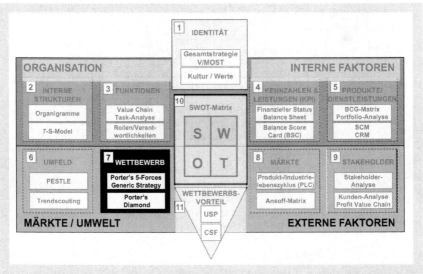

Abbildung 53: A-Analyse: 7. Wettbewerber-Analyse (eigene Darstellung).

2.7.1 Porter's 5-Forces

Michael E. Porter fasste Anfang der 1980er Jahre die wichtigsten Treiber von internationalen Märkten zusammen, indem er fünf Kräfte festlegte, die den Wettbewerb beeinflussen: Die Käufer, die Zulieferer, die neuen Wettbewerber, die Ersatzstoffe/-produkte (Alternativen) und die vorhandenen Wettbewerber (Porter, 1980). Dabei ist bei der Anwendung des Modells nicht nur die Betrachtung der fünf Größen wichtig, sondern vor allem die Überlegung bezüglich der Eintrittsbarrieren (durch die Pfeile in Abbildung 54 symbolisiert). Erst diese Überlegung verhilft einem, den internationalen Markt abschätzen zu können. Auch inwieweit sich eine Penetration in einen bestehenden Markt lohnt oder wie stark der Markt durch neue Wettbewerber beeinflusst werden wird. Risikoabschätzungen beginnen exakt hier!

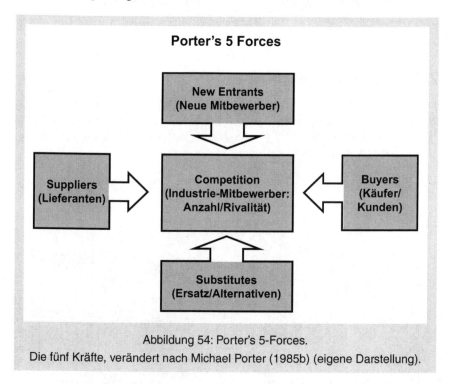

Abbildung 54: Porter's 5-Forces.
Die fünf Kräfte, verändert nach Michael Porter (1985b) (eigene Darstellung).

2.7.2 Porter's Generic Strategy

Porter's Generic Strategy beschreibt den strategischen Wettbewerbsvorteil durch Kostenführerschaft oder Fokussierung bezüglich der Qualität oder besseren produkt- (und/oder service-) spezifischen Eigenschaften.

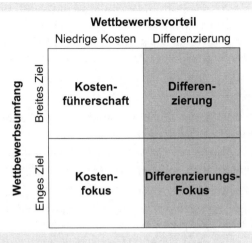

Abbildung 55: Porter's Generic Strategy.
Die generellen Strategieoptionen, verändert nach Michael Porter (1985b)
(eigene Darstellung).

Das sind typischerweise Produkte und Services, bei denen eine hohe Kunden-loyalität besteht, also Markenartikel bzw. Zahnarzt.

Kostenführerschaft wird durch vereinfachte Herstellungsverfahren (automati-sche Flaschenabfüllung), Abfallproduktverwertung (Zahncreme aus der Chip-Herstellung) und Billigproduktionsorte (personalkostenniedrige Länder) er-reicht. Gerade bei kostenbewussten Produktions-/Serviceverfahren bleibt der business-ethische oder moralische Vorsatz oft unberücksichtigt.

Die Fokussierung beim Wettbewerbsvorteil auf einzelne Produkte bezieht sich auf Produktgruppen, Kundengruppen oder geografische Abschnitte (Regionen). Damit sind Fokusstrategien typische *Nischenstrategien* – eben bezüglich der Herstellung/des Vertriebs (Ampullensterilabfüllung) oder bezüglich des Pro-dukts für eine bestimmte Gruppe (orthopädische Schuhe).

In internationalen Märkten und globalisierten Wirtschaften ist es inzwischen immer wichtiger geworden, schnell zu reagieren. Industrie 4.0 beschreibt nicht nur die Automatisierung bei der Produktherstellung, sondern sorgt in erster Li-nie für die Informationsbeschaffung (Jung und Kraft, 2016). So können Kon-sumenten und Wettbewerber schnell preiswertere und/oder neue Features von Konkurrenzprodukten in Erfahrung bringen und sich darauf einstellen. Der Produkt-Lebenszyklus (siehe Abbildung 58) hat sich deshalb in allen Indust-rien oft mehr als halbiert!

„Stuck in the Middle"[13], das Porter (1985b) ausschloss, ist mittlerweile zum Überlebensmotto geworden: Bei manchen Produkten lassen sich Nischenmärkte nicht lange aufrechterhalten, da beispielsweise ein Preisdumping inzwischen bei einem durch das Internet globalisierten Markt schwer zu halten ist.

Fragen zum Thema:

- Wer zählt zu den Wettbewerbern Ihres Business? Denken Sie daran, dass es direkte, aber auch indirekte gibt!
- Welche Eintrittsbarriere ist die größte der fünf Kräfte innerhalb Porter's 5 Forces-Modells und begründen Sie es?
- Gibt es auch Beispiele, die Porter's Generic Strategy widerlegen, also dass auch Businesses existieren, die „in the middle" steckengeblieben sind und trotzdem erfolgreich sind?

2.8   Die Märkte und Produkte

Informationen über internationale Märkte mit ihren Produkten, ihren Kunden und Wettbewerbern sind die wichtigsten Daten für eine Strategiefindung.

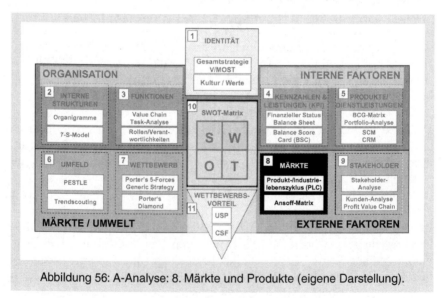

Abbildung 56: A-Analyse: 8. Märkte und Produkte (eigene Darstellung).

---

13   Auf Deutsch sinngemäß übersetzt „nicht Fisch, nicht Fleisch".

Besonders wichtig ist es, sich Klarheit über den eigenen Standpunkt innerhalb seines Industriesegments sowie der potenziellen Entwicklung seiner (seines) Produkte(s) und des entsprechenden Marktes zu verschaffen.

2.8.1   Lebenszyklen

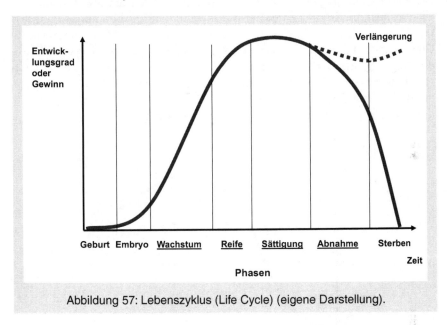

Abbildung 57: Lebenszyklus (Life Cycle) (eigene Darstellung).

Mit einem Lebenszyklus kann man Entwicklungsstufen von Produkten, Industrien, den Gewinn einer Produktlinie oder den Kompetenzaufbau von Mitarbeitern jeweils über die Zeit darstellen. Den Lebenszyklus teilt man je nach Autor in vier bis acht Phasen ein (siehe Abbildung 57): Der Kurvenverlauf ist typisch. Figurativ spricht man oft von „der Wiege bis zur Bahre": Vom Ausgangspunkt (Geburt), der Nulllinie, steigt die Kurve erst exponentiell (Embryonal-Phase)[14], dann linear (Wachstums-Phase) und geht dann abflachend (Reife-Phase) in einen Scheitelpunkt über, der auch parallel zur X-Achse verlaufen kann (Sättigungs-Phase), um dann wieder abzufallen (Abnahme-Phase). Schließlich stoppt die Kurve oder fällt ganz auf Null (Sterbe-Phase). Die mögliche Verlängerung ist eine „Wiederbelebung" und künstliche Erweiterung der Lebensdauer, die meistens aber nur von kurzer Dauer ist (Beispiel im nächsten Unterkapitel 2.8.11 beim Produktlebenszyklus).

---

14   Alle Entwicklungskurven haben anfangs Hürden und Schwierigkeiten zu überwinden und nehmen dann aber durch Lern- und Erfahrungskurven überadditiv zu.

Einfachheitshalber beschreibt man nur vier Phasen: Wachstums- , Reife-, Sättigungs- und Abnahme-Phase.

2.8.1.1 Produktlebenszyklus

Der Produktlebenszyklus (siehe Abbildung 58) ist der am meisten verwendete, da sich die Komponenten der BCG-Matrix (siehe Abbildung 40) „Question Mark" – „Star" – „Cash-Cow" – „Dog" auf die vier Stufen des Produktlebenszyklus, nämlich auf Wachstums-, Reife-, Sättigungs- bzw. Abnahme-Phase übertragen lassen. Die Verlängerung eines Produktes/einer Produktlinie (Extension/Line-Extension) erweitert die Lebenszeit eines Produktes auf dem Markt, das durch einen Produktzusatz, wie beispielsweise das sogenannte „Face-Lifting" bei einem Automobil[15] geschaffen werden kann.

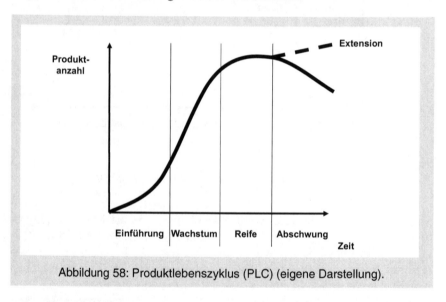

Abbildung 58: Produktlebenszyklus (PLC) (eigene Darstellung).

2.8.1.2 Industrielebenszyklus

Der Industrielebenszyklus beschreibt das makroskopische Bild international sich entwickelnder und sterbender Industrien, die High-Tech bis hin zu Commodity-Produkten produzieren bzw. Komponenten dafür liefen. Deshalb ist es von strategischer Bedeutung, sein Business auch dort einzuordnen bzw. die Abhängigkeiten zu sehen: Sowohl bezüglich der Chancen als auch Risiken.

---

15   Hier handelt es sich nicht um ein neues Modell eines Autos, sondern um kleine Veränderungen an der Karosserie und beim Design, die das Aussehen leicht, aber nicht grundlegend verändern.

Box 25: Commodity-Produkt

Commodity-Produkte sind Produkte oder Serviceleistungen, die zu Alltags-gebrauchsgegenständen geworden sind bzw. als allgemein übliche Leistung erwartet werden (vgl. Commoditisierung S. 30). Somit ist meistens die Marge klein bzw. der Teil der Serviceleistung ist bereits in den Gesamtservicepreis einkalkuliert worden und kann damit nicht mehr extra berechnet werden.

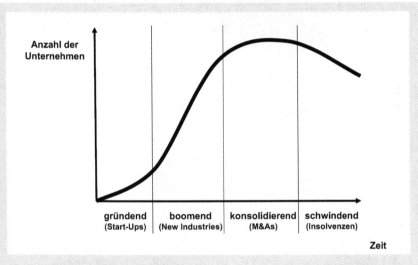

Abbildung 59: Industrielebenszyklus (ILC) (eigene Darstellung).

2.8.2   Ansoff-Matrix

Die Ansoff-Matrix spiegelt die Innovationskraft bezüglich des Produktes und der Marktpositionierung wider. So sind neue Produkte in neuen Märkten die größte Herausforderung, haben aber auch das größte Potenzial! Ein bekannter Markt mit einem schon eingeführten Projekt hat seine Daseinsberechtigung, jedoch wird durch Produktinnovation (Extension) oder **Erschließung** eines neuen Absatzmarktes der Umsatz deutlich gesteigert.

Dieses Modell lässt sich besonders gut für Fragestellungen verwenden, wenn man mehrere Produkte hat und die Priorisierung basierend auf den Absatzmärkten und der Innovationskraft einzelner Produkte bestimmen will.

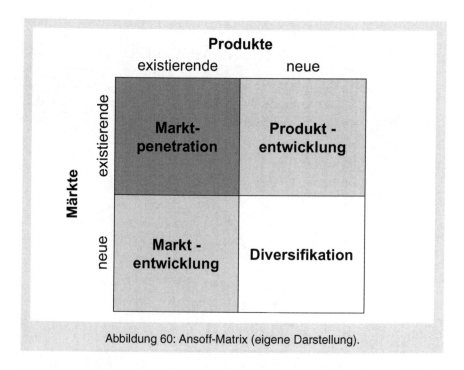

Abbildung 60: Ansoff-Matrix (eigene Darstellung).

Fragen zum Thema:

• Können Sie einen „Dog" direkt zum „Star" entwickeln oder müssen Sie erst die Zwischenstufe „Question Mark" durchlaufen?

• Gibt es „Star"-Produkte auch in Industrielebenszyklen (ILC), die verschwindend sind, oder ist das „Star"-Produkt auch an einen boomenden ILC gebunden?

• Erklären Sie, was eine „Extension" innerhalb des Produktlebenszyklus ist!

2.9   Die Stakeholder

Die Stakeholder als wichtige Interessensvertreter wurden bereits im Kapitel 1 vorgestellt. Deshalb ist die Stakeholder-Analyse eine essenzielle Analyse. Vergessene „Beteiligte" bei Veränderungsprozessen oder Projekten haben zum Teil fatale Folgen für die erfolgreiche Zielerreichung: Personen die ein (nicht selten!) persönliches und/oder finanzielles Interesse haben, das privat oder beruflich bedingt sein kann, müssen berücksichtigt werden.

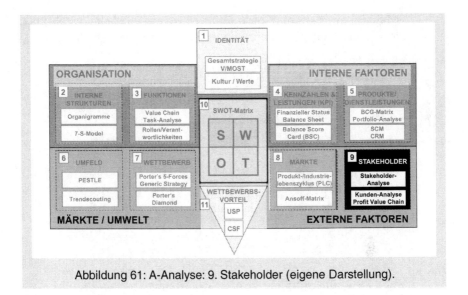

Abbildung 61: A-Analyse: 9. Stakeholder (eigene Darstellung).

2.9.1   Stakeholder-Analyse

Oft glaubt der Analytiker die Problematik des Projekts per „Bauchgefühl" zu erfassen und zu kennen. Doch häufig stellt sich heraus, dass wichtige Stakeholder vergessen oder bedeutende zu wenig berücksichtigt wurden.

Die Herangehensweise ist simpel, aber dennoch nicht trivial:

1. Zuerst beginnt man mit einer Aufstellung über alle Personen und Personenkreise (Hierarchieebenen im Unternehmen), Organisationen, Institutionen, Länder usw., die potenziell Einfluss auf beispielsweise ein Projekt haben könnten.

2. Zur besseren Übersicht kann man sie in Stakeholder einteilen, die in unmittelbarem Zusammenhang mit ihrer Fragestellung (z. B. Projekt) stehen und in solche, welche nur indirekt eine Beziehung dazu haben. Viele Autoren sprechen von einem „Outer circle" (Äußerer Zirkel) der Stakeholder-Analyse, was exemplarisch in Abbildung 62 dargelegt ist.

3. In einer Einfluss-Matrix kann man den direkten und indirekten Einfluss ermitteln und ihn quantifizieren sowie die Bedeutung für das Projekt ermitteln.

4. Nachdem man die Interessengruppen und Personen identifiziert und deren Einflussgröße bestimmt hat, folgt der finale Schritt, indem man festlegt, welche Bedeutung diese für das Projekt und welches persönliche Interesse sie an ihm tatsächlich haben. In der Interest-Power-Matrix ordnet man die Resultate der Einfluss-Matrix (Abbildung 64) nach dem tat-

sächlichen Interesse am Projekt und der Macht der Stakeholder über den Einsatz finanzieller und Personalressourcen ein (siehe Abbildung 65).

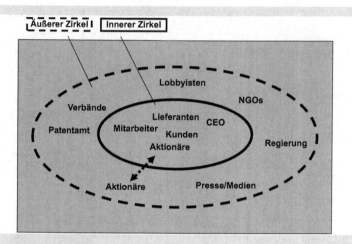

Abbildung 62: Klassifikation von Stakeholdern.
Zuordnung der Stakeholder, die in einem direkten (Innerer Zirkel) und indirekten Kontakt (Äußerer Zirkel) zur Organisation/zum Projekt usw. stehen (eigene Darstellung).

- Innerer Zirkel: Direkter Einfluss auf das Geschäft
  - Manager
  - Mitarbeiter
  - Internationale Kooperationspartner
  - Internationale Zulieferer
  - Aktionäre
  - Globale Kunden
  - ...

- Äußerer Zirkel: Indirekter Einfluss auf das Geschäft
  - Regierungen (Kommunen, Landes-, National-Parlamente)
  - Internationale Verbände
  - „Pressure Groups"
  - NGO = Non-governmental Organisation (Regierungsunabhängige Organisationen)
  - Internationale Meinungsbildner
  - Gewerkschaften
  - Medien (Internet / TV / Presse)
  - Handelsabkommensvertreter
  - Patent- und Markenamt
  - Internationale Qualitätsstandards (Staatliche oder weltweite Gremien)
  - ...

Abbildung 63: Beispiele für Stakeholder (eigene Darstellung).

2.9.1.1 Einfluss-Matrix

In einer Einfluss-Matrix werden alle Stakeholder einander gegenüber gestellt und man gibt an, wie viel Einfluss (beispielsweise: 0 für keinen, 1 für etwas, 2 für sehr starken Einfluss) der eine auf den anderen Stakeholder hat. In der Summe der X-Achse sieht man den direkten Einfluss, in der Y-Achse kann man den indirekten Einfluss ablesen. Dabei weisen die höchsten Summen auf den Stakeholder hin, der (subjektiv ermittelt) den größten Einfluss hat. Interessanterweise erkennt man erst jetzt, wie stark indirekte Einflüsse sind!

	GF	HAL	AL	PL	TM 1	TM 2	TM 3	HR-Abt.	M&S-Abt.	IT-Abt.	Kunde	Presse	SUMME
GF	■	2	2	1	0	0	0	2	1	1	0	0	9
HAL	1	■	2	1	0	0	0	1	1	0	1	0	7
AL	0	1	■	2	0	0	0	0	0	0	0	0	3
PL	0	0	1	■	2	2	2	0	0	0	0	0	7
TM 1	0	0	0	1	■	2	2	0	0	0	0	0	5
TM 2	0	0	0	1	2	■	2	0	0	0	0	0	5
TM 3	0	0	0	1	2	2	■	0	0	0	0	0	5
HR-Abt.	0	1	2	2	1	1	1	■	1	0	0	0	9
M&S-Abt.	0	0	1	2	1	1	1	1	■	0	0	0	7
IT-Abt.	0	0	0	0	0	0	0	1	0	■	0	0	1
Kunde	0	0	0	2	1	1	1	0	2	0	■	2	9
Presse	2	0	0	0	0	0	0	1	2	0	2	■	7
SUMME	3	4	8	13	9	9	9	6	7	1	3	2	74

Indirekter Einfluss

Direkter Einfluss

Abbildung 64: Einfluss-Matrix.
Beispiel: Projektleiter (PL) soll ein Innovationsprojekt durchführen.
Sein Chef ist Abteilungsleiter F&E (AL), Chef seines Chef ist Hauptabteilungsleiter (HAL). GF = Geschäftsführer, TM = Team-Mitglied von PL,
HR = Personal, M&S = Marketing & Sales, IT = Informationstechnologie
Legende: 0 = kein Einfluss, 1 = geringer Einfluss, 2 = starker Einfluss
(eigene Darstellung).

2.9.1.2 Power-Interest-Matrix

In einer Power-Interest-Matrix werden alle Stakeholder hinsichtlich ihres Machtpotenzials eingetragen, also ob und wie viele Ressourcen sie zur Verfü-

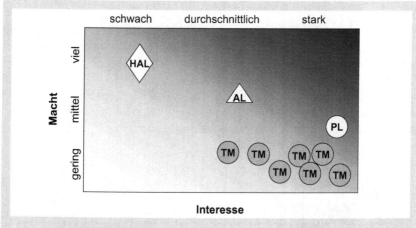

Abbildung 65: Power-Interest-Matrix.

Legende: HAL = Hauptabteilungsleiter, AL = Abteilungsleiter, PL = Projektleiter, TM = Team-Mitglied von PL (eigene Darstellung).

gung stellen können (Entscheider über finanzielle und personelle Ressourcen sowie über deren Zuteilung). Dem gegenüber wird das Interesse beispielsweise an einem bestimmten Projekt gespiegelt. Aus solch einer Power-Interest-Matrix kann man direkt ableiten, wer möglicherweise für das Projekt begeistert werden muss und welche Kommunikations-Wege und Werbemaßnahmen gefördert werden müssen.

2.9.2   Kunden-Analyse

Die Schnelldiagnose über die Wichtigkeit der Kunden erfolgt durch eine ABC-Analyse. Eine Kundensegmentierung nach der Bedeutung des Kunden bzw. des Produktes und der Betreuungsrate bzw. dessen Erwartungshaltung, sowie des daraus resultierenden Betreuungsaufwandes. Basierend auf dem Paretoprinzip ergibt sich Folgendes:

Box 26: Paretoprinzip

Empirische Beobachtung und Ableitung eines 80 zu 20-Phänomen, das sich auf viele Bereiche von Organisationen und soziologischen Phänomenen anwenden lässt. Beispielsweise lassen sich mit 20% Aufwand 80% der zu erledigenden Aufgabe erreichen. Für die restlichen 20% der Aufgabe ist der Arbeitsaufwand im Verhältnis dazu überproportional, also vierfach so groß. Für die letzten Prozentbruchteile über der 99,99999% zu 100% wäre er unendlich groß, da man einen Limes bei 100% annimmt.

Man listet alle Kunden nach Umsatz- oder Gewinnvolumen absteigend auf. Alle Kunden, die von oben absteigend für 75% Anteil des Umsatzes (Gewinn) verantwortlich sind, sind A-Kunden. Die verbleibenden Kunden teilt man dann in zwei weitere Gruppen ein: Die B-Kunden mit dem nächst höheren Umsatz- oder Gewinnanteil (15%) und schließlich die Schlusslichter, die das letzte Zehntel Umsatz erwirtschaften. Letztere sind die C-Kunden:

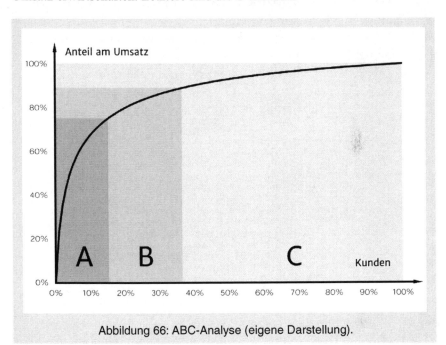

Abbildung 66: ABC-Analyse (eigene Darstellung).

Box 27: ABC-Analyse

Die ABC-Analyse ist eine Priorisierungshilfe zur Einteilung von Daten zur besseren Beurteilung deren Wichtigkeit. Es lassen sich also Produkte-, Kunden-, Aufgaben-, Ressourcen-, Kosten-Daten usw. gegen Output-Größen wie Umsatz oder Gewinn auftragen. Dabei teilt man die zu untersuchenden Daten in drei Kategorien nach einer logarithmischen Abhängigkeit auf. Dadurch können sich Bilder wie, z. B. A für 80% des Outputs, B für 15% bzw. C für 5%. ergeben, oder wie im Text beschrieben A zu B zu C wie 75% zu 15% zu 10%.

Fragen zum Thema:

- Was bedeutet ein indirekter hoher Einfluss von Stakeholdern für das Stakeholder-Management?

- Wie schafft man es innerhalb einer Power-Interest-Matrix, die Motivation seiner Mitarbeiter und die Motivation des Chefs seines Chefs zu steigern?

- Warum ist das Pareto-Prinzip auch im Selbst- und Zeitmanagement von Führungskräften so wichtig?

ERGEBNIS INTERNER
UND EXTERNER ANALYSEN

2.10   Ergebnisdarstellung als SWOT-Matrix

Um eine Handlungsempfehlung zu geben, einen Strategiewechsel anzustre-
ben oder seinen Status zu überprüfen, zieht man alle Ergebnisse der internen
und externen Analysen zu Rate und fasst sie in der SWOT-Matrix zusammen
(siehe Abbildung 67).

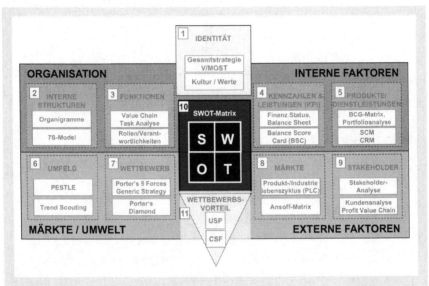

Abbildung 67: SWOT-Matrix als Ergebnis interner und externer Analysen
(eigene Darstellung).

Box 28: SWOT-Matrix

SWOT: Zusammenfassung des Ergebnisses der **internen** Faktoren **Strength/
Weaknesses** (Stärken/Schwächen) sowie der **externen** Faktoren: **Opportu-
nities/Threats** (Chancen/Risiken) (siehe auch Abbildung 69).

Die SWOT-Matrix ist eine Darstellung von Ergebnissen aus Analysen, sie ist
kein (!) Analyse-Tool, auch wenn fälschlicherweise oft von einer „SWOT-
Analyse" gesprochen wird. Im Business-Jargon sind mit einer „SWOT-
Analyse" die gesamten Analysen und die daraus resultierende SWOT-Dar-
stellung gemeint.

Um eine rasche Entscheidungsfindung zu erreichen, ermittelt man also die
wichtigsten Argumente, priorisiert sie und stellt sie zur Abwägung in einer
SWOT-Matrix dar.

STÄRKEN (Strengths) (intern)	SCHWÄCHEN (Weaknesses) (intern)
1. ...	1. ...
2. ...	2. ...
3. ...	3. ...
4. ...	4. ...
5. ...	5. ...
CHANCEN (Opportunities) (extern)	RISIKEN (Threats) (extern)
1. ...	1. ...
2. ...	2. ...
3. ...	3. ...
4. ...	4. ...
5. ...	5. ...

Abbildung 68: SWOT-Matrix (eigene Darstellung).

Box 29: Ausfüllen der SWOT-Matrix

Zum richtigen Ausfüllen der SWOT-Matrix sind folgende Überlegungen zu berücksichtigen:

- Tragen Sie stets gleich viele Argumente in jedes Matrixfeld ein!
- Tragen Sie mindestens 5 Argumente pro Feld ein!
- Achten Sie auf das Ranking: Wichtigste Faktoren werden zuerst genannt!
- Bilden Sie als Gegenspieler nicht den negierten Satz oder Ausdruck (also nicht das Gegenteil bilden)!

STÄRKEN (Strengths) (intern)	SCHWÄCHEN (Weaknesses) (intern)
1. Marktführerschaft bezüglich der Qualitätsstandards des Produkts	1. Finanzielle Mittel zum Aufbau einer Tochter sehr beschränkt
2. Kleine, flexible Organisation	2. Personelle Ressourcen limitiert
3. Innovative Produktionsanlage	3. Wenig Erfahrung in der Zielregion
4. Global etablierte Datensysteme und Kommunikationswege	4. Aufgekaufte Organisation noch nicht vollständig integriert
5. Gutes Kunden-Management	5. Internationalität im Unternehmen gering
CHANCEN (Opportunities) (extern)	RISIKEN (Threats) (extern)
1. Großer und wachsender Absatzmarkt	1. Politische Instabilität des Ziellandes
2. Niedrige Produktionskosten	2. Infrastruktur nicht vorhanden (Energieversorgung!)
3. Erweiterung des strategischen Logistiknetzes	3. Starker Mitbewerber im Nachbarland des Ziellandes
4. Besserer Zugriff auf internationale Arbeitskräfte (Rekrutierung)	4. Wichtige Komponente des Produkts muss von Europa bezogen werden
5. Globale Präsenz des Unternehmens	5. Militärische Konflikte/Piraterie

Abbildung 69: SWOT-Matrix mit Beispielen (eigene Darstellung).

Fragen zum Thema:

* Warum ist der Begriff „SWOT-Analyse" nicht exakt richtig und irreführend, obwohl viele diesen Audruck gebrauchen?

* Welche Kriterien legen Sie an, um eine Priorisierung innerhalb der SWOT-Matrix zu erreichen?

* Warum sollte man nur eine kleine und gleiche (!) Anzahl von Argumenten pro Quadranten darstellen?

2.11   Wettbewerbsvorteil

Aus der SWOT-Matrix kann man klar auf den Wettbewerbsvorteil schließen und ihn gegenüber einer möglichen neuen Ausrichtung ins Verhältnis setzen.

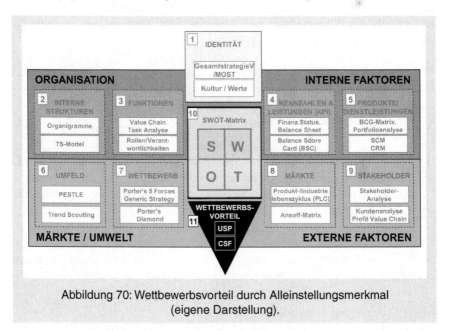

Abbildung 70: Wettbewerbsvorteil durch Alleinstellungsmerkmal (eigene Darstellung).

2.11.1   Unique Selling Proposition (USP)

Die Unique Selling Proposition (USP), also das Alleinstellungsmerkmal eines Produktes, zeigt beispielsweise auf, worin der internationale Wettbewerbsvorteil dieses Produkts liegt.

Box 30: Unique Selling Proposition (USP)

Das Alleinstellungsmerkmal, **Unique Selling Proposition (USP)**, ist das Charakteristikum, das dazu führt, dass ein Wettbewerbsvorteil generiert wird. Im Zusammenhang mit dem **Employer Branding** ist es die Identifizierung mit der **Arbeitgebermarke** bzw. das Interesse, für diese Firma (engagiert!) oder mit dieser Firma zusammenzuarbeiten. Dem Alleinstellungsmerkmal wird immer mehr Bedeutung beigemessen.

Alleinstellungsmerkmale kann man auch auf eine Firma übertragen (externes Employer Branding). Dieses lässt sich durch die Gesamtbetrachtung der Organisation innerhalb des internationalen Kontext bewerkstelligen:

Ausgehend von der Identität der Firma über die interne zur externen Analyse kann man die Stärken und Schwächen der Organisation im internationalen Kontext ermitteln und die zusätzlichen Möglichkeiten und Gefahren im internationalen Umfeld erkennen.

Mit diesem Wissen kann man nun den nächsten strategischen Schritt gehen und internationale (Eintritts-) Strategien ableiten.

2.11.2   Kritische Erfolgsfaktoren (CSF)

Die kritischen Erfolgsfaktoren sind meistens Ressourcen, die nicht uneingeschränkt mengenmäßig, temporal oder in ausreichender Qualität zur Verfügung stehen. Oft handelt es sich nur um ein Zeitfenster, in dem sich Aufgaben bewerkstelligen oder Ziele erreichen lassen. Oft sind CSF auch Engpässe, die durch eine Kombination von Limitierungen ausgelöst werden.

Kritische Erfolgsfaktoren können aber neben Zwängen und Limitierungen genauso Stärken, Kompetenzen oder günstige Umstände sein. Darunter fallen auch das spezifische Intellectual Capital, der EQ[16] oder Soft Skills.

Box 31: Kritische Erfolgsfaktoren

Kritische Erfolgsfaktoren oder englisch Critical Success Factors (CSF) sind die Faktoren, die für das Gelingen und Bestehen eines Ziels, Prozesses oder eines Projekts erfolgskritisch sind. Damit sind sie nicht dem USP gleichzusetzen, welches nur eine herausragende Eigenschaft darstellt.

---

16   EQ = Emotional Quotient.

Fragen zum Thema:

- Erklären Sie den Unterschied zwischen Unique Selling Proposition (USP) und Employer Branding!
- Wie definieren Sie externes und internes Employer Branding hinsichtlich einer internationalen Organisation?
- Wenn Sie „Kritische Erfolgsfaktoren" (CSF) zuordnen müssten, sind damit eher interne oder externe Faktoren gemeint?
- Welche Grundprinzipien können Sie bei jeglichen Handelsbeziehungen erkennen und inwiefern spielen diese Komponenten eine Rolle im internationalen Management?

GLOBALISIERUNG UND INTERNATIONALISIERUNG

Was ist Globalisierung? Märkte und Wirtschaftsräume sowie verschiedene Gesellschaften und Kulturen stehen im ständigen Austausch durch Kommunikation, Transport und Handel. Daraus ergibt sich folgende Definition:

> **Box 32: Globalisierung**
> Die **Globalisierung** beschreibt den Prozess oder die Komponenten einer Veränderung, welche die Organisationen mit ihren Mitarbeitern hinsichtlich internationaler Verknüpfungen und eines globalen Austausches sowohl zeitlich als auch räumlich betrifft. Dabei spielt die Interaktion von Kommunikation, Transport und Handel innerhalb verschiedener Bereiche (Märkte, Gesellschaften und Kulturen) eine große Rolle.

Oft sind die in der Definition beschriebenen Veränderungen sehr dynamisch, so dass es zu einer Beschleunigung und schnellen Erweiterung und Vertiefung von Beziehungen und Netzwerken kommt.

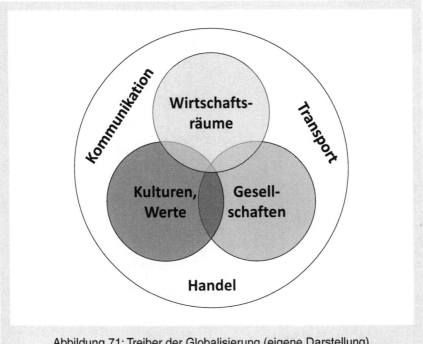

Abbildung 71: Treiber der Globalisierung (eigene Darstellung).

3 Rohstoffe/Ressourcen

Übergreifend über alle Globalisierungsbetrachtungen steht die Beachtung der Ressourcen, die die Wirtschaft antreiben aber auch limitieren können.

Wie empfindlich das „Gesamtsystem" auf Veränderungen reagieren kann, kann man z. B. an der Finanzkrise 2009, am Staatsbankrott in Griechenland 2014 und an den globalen Flüchtlings- und Migrationsbewegungen der letzten 20 Jahre sehen.

Generell gibt es vereinfacht drei Ressourcen-Typen. Die produktbezogenen, die finanzierungsbezogenen und die personenbezogenen Ressourcen:

1. Produktressourcen sind Rohstoffe, Rohmaterialien, veredelte Stoffe, Maschinen usw.
2. Finanzielle Ressourcen sind Wertpapiere, Cash, Working Capital, Debitoren, Immobilien, andere Assets usw.
3. Personalressourcen sind Mitarbeiter (Human Capital), Intellectual Capital (IC), Patente, Marken, Kompetenzen usw.

3.1 Produktressourcen

Rohstoffe und veredelte Stoffe stellen die Ausgangslage für die Produkte dar. Sowohl die Verarbeitungsmechanismen (Werkzeuge und Maschinen) als auch die Energie-Ressourcen spielen bei der globalen Betrachtung eine entscheidende Rolle.

3.2 Finanzielle Ressourcen

Zur Untersuchung der strategischen finanziellen Ressourcen in einer international operierenden Organisation werden Werte wie Assets (z. B. Gold, Land, Immobilien), Cashflow (verfügbares Geld) und Working Capital (Gebundenes Geld, Debitoren) betrachtet.

3.3 Personalressourcen/Intellectual Capital

Nicht nur die reine Arbeitskraft der Mitarbeiter, sondern das gesamte Intellectual Capital (IC) wird hierbei betrachtet. Darunter fallen nicht nur kognitive Kompetenzen, sondern auch Synergien und Netzwerke zwischenmenschlicher Art, aber auch Berufs- und Lebenserfahrung.

Fragen zum Thema:

- Vor dem Hintergrund einer globalen Wirtschaft: Welche von den drei Ressourcen-Typen ist nach Ihrer Einschätzung diejenige, die zukünftig am meisten Instabilität bringt?

- Glauben Sie, dass Zahlungen per Handy, wie in Afrika seit 10 Jahren praktiziert wird, Einfluss auf die Finanzwelt haben? Haben Währungen wie Bitcoin eine Chance?

- Welche Bedeutung spielt bei der Industry 4.0 zukünftig das Intellectual Capital (IC) und wer betreut es?

4 Globale Dimensionen

Die drei zu betrachtenden Dimensionen im internationalen Kontext sind Wirtschaftsräume, Gesellschaften und Kulturen. Alle haben teils direkt, teils indirekt einen starken Einfluss auf das internationale Management. Die Verknüpfung der Dimensionen erfolgt durch Handel, Transport und Kommunikation.

Im Nachfolgenden wird jede Dimension jeweils durch ihre sechs Komponenten charakterisiert. Um eine Doppelung zu vermeiden, werden diese hier kurz vorgestellt, aber erst später in den nachfolgenden Kapiteln detaillierter erklärt.

4.1 Wirtschaftsräume

Die Globalisierung innerhalb von Wirtschaftsräumen lässt sich in sechs Kategorien wiedergeben:

1. Ressourcen
2. Kunden
3. Märkte
4. Wettbewerber
5. Transportwege
6. Produktion/Supply Chain Management/Services

Abbildung 72: Globalisierung von Wirtschaftsräumen (eigene Darstellung).

Fragen zum Thema:

- Nehmen Sie zur folgenden Aussage Stellung: „Jeder Markt wird durch seine Kunden definiert."
- Welche Wettbewerber-Typen kennen Sie und wie würden Sie Ihre Wettbewerber konkret einteilen?
- Überlegen Sie die Wahl des Transportweges in Abhängigkeit des Produkts und welche neuen Transportwege und -arten es zukünftig geben wird!

4.2   Gesellschaften

Die Globalisierung von Gesellschaften lässt sich ebenso in sechs Kategorien wiedergeben:

1. Politische Systeme/Ideologien
2. Gesundheit
3. Wohlstand/Armut
4. Ökologie
5. Terrorismus
6. Ausbildung

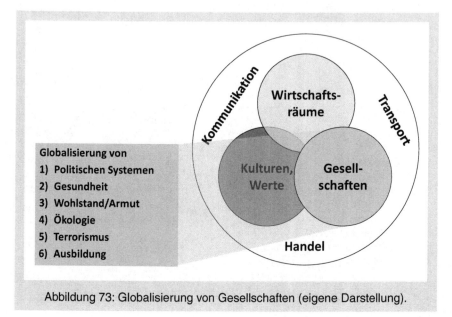

Abbildung 73: Globalisierung von Gesellschaften (eigene Darstellung).

Fragen zum Thema:

• Inwieweit hängen die einzelnen sechs Kategorien der Gesellschaft voneinander ab? An welchen Stellen sollte mit Verbesserungen begonnen werden?

• Wie können international aufgestellte Unternehmen zu einem ökologischen Vorbild für die anderen Unternehmen werden?

• Warum bildet die „Ausbildung" eine der wichtigsten Komponenten?

4.3   Kulturen

Die Globalisierung innerhalb von Kulturen (und deren Werte) lässt sich auch in sechs Kategorien wiedergeben:

1. Werteverständnis (Luxusdenken, Gleichheitsdenken, Ethische Werte usw.)

2. Religion (Einfluss und Bedeutung von Religion und religiösen Strömungen)

3. Tradition (regionale Produkte, Verhaltensweise und Kleidung sowie Bräuche usw.)

4. Normen/Standards (Einhaltung von vorgegebenen Richtlinien, strukturelle Systeme usw.)

5. Geschmack/Aussehen (Kleidung, Essen, Trinken, Technologieaffinität usw.)

6. Persönliche Beziehungen (Stellung von Familie, Respekt vor Älteren usw.)

Abbildung 74: Globalisierung von Kulturen und Werten (eigene Darstellung).

Fragen zum Thema:

- Inwieweit können Kulturen und Werte globalisiert werden?
- Wie stark und warum entstehen individuelle Strömungen als Antwort auf eine globalisierte Welt?
- Überlegen Sie: Bei welchen Schritten der Produkt- (Service-) Wertschöpfungskette ist die Beachtung von spezifischen kulturellen Vorgaben eines Landes/einer Gesellschaft wichtig?

5 Verknüpfung globaler Dimensionen

Wirtschaftsräume und Gesellschaften sowie Kulturen waren immer schon durch Handel, Transport und Kommunikation miteinander verbunden. Die Neuartigkeit der Globalisierung besteht in der Erhöhung der Entwicklungsgeschwindigkeit in allen drei Bereichen. Die ist durch die technische Innovation begründet: Z. B. durch neue Antriebsformen im Transportwesen oder IT-Systeme in der Kommunikation. Das hat wiederum schnellen und direkten Einfluss auf die Wirtschaftsräume, die unbeschränkt expandieren können, aber auch auf die Gesellschaften und letztendlich auf die Kulturen. Wenn auch die beiden letzteren sich nicht so schnell ändern wie die Internationalisierung von Produkten. Als Beispiel sei die Touristikbranche genannt: Durch den verbilligten Transport von Passagieren in Flugzeugen wurden günstige Fernreisen möglich. Gesellschaftlich entwickelte sich ein immer stärkerer Freizeitgedanke, kulturell gab es die Möglichkeit, direkt Kontakte mit anderen Kulturen aufzunehmen. Das zweite Beispiel ist das Internet: Durch das Internet ist es allen zu jeder Zeit möglich, weltweit mit jedem in Kontakt zu treten und weltweit z. B. ein Produkt zu bestellen. Soziologen sehen hierin den größten Einfluss auf Gesellschaften und Kulturen in der Geschichte.

5.1 Handel

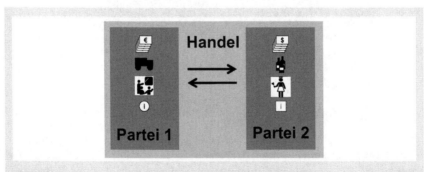

Abbildung 75: Handel. Austausch von Geld, Produkten, Dienstleistungen und/ oder Informationen (eigene Darstellung).

Mit Handel ist der Austausch von mindestens einem der folgenden „Güter" gemeint:

- Geld,
- Waren,
- Service und/oder
- Informationen.

Box 33: Handel

Der Handel ist der Geld-/Waren-/Service- und/oder Informations-Austausch zwischen mindestens zwei Parteien, die für sich dadurch einen Vorteil erwarten oder eine Verbesserung ihrer momentanen Situation herbeiführen wollen (Wettbewerbsvorteil bzw. strategische Positionierung).

Der Handel ist die Grundlage jeder Wirtschaft und wird je nach Wirtschafts- und politischem System unterschiedlich stark reguliert bzw. geführt. Ein globaler Handel ohne Restriktionen und Einflüsse einzelner Länder oder ganzer Gemeinschaften ist schwer vorstellbar, da nationale Interessen, aber auch religiöse und ideologische Vorstellungen mitunter die Wirtschaft stark prägen.

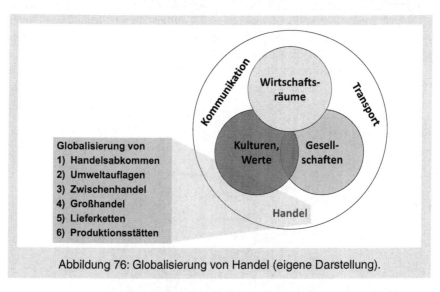

Abbildung 76: Globalisierung von Handel (eigene Darstellung).

Auch die Wertvorstellung, das Qualitätbewusstsein und das Sicherheitsdenken von Kulturen und Nationen führen zunehmend zu Konflikten und Debatten.

Mit **E-Commerce** besteht die Möglichkeit eines internationalen grenzenlosen globalen Handels. Der Verbraucher (Endkunde) tritt mit einem Hersteller oder Serviceanbieter direkt in Kontakt. Das entbindet ihn allerdings nicht davon, aufgrund nationaler Gesetzgebung, das Produkt oder den Service eventuell nicht nutzen zu dürfen.

Fragen zum Thema:

• Nennen Sie Handelsabkommen und Handelsverbände, die einen großen Einfluss auf die Marktsituation im jeweiligen Marktraum haben!
• Gibt es rein nationale Lieferketten? Wenn ja, nennen Sie ein Beispiel und demonstrieren Sie bitte die Wertschöpfungskette!
• Welche Vor-und Nachteile hat der E-Commerce?

5.2   Transport

Unter Transport versteht man die logistische Veränderung von

• Geld,
• Rohstoffen,
• Waren und/oder
• Informationen

zwischen Ort A und B. Dabei kann die Verortung sowohl virtuell als auch haptisch erfolgen! Mindestens zwei Parteien sind dabei beteiligt.

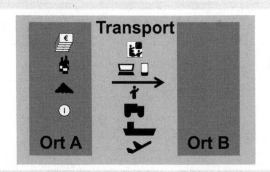

Abbildung 77: Transport. Kleinste Transportwege von einem Ort zu einem zweiten oder mit höherer Komplexität eine Transport-Kette (siehe SCM). Dabei werden Dinge oder elektronische Daten übertragen (eigene Darstellung).

Box 34: Transport

Der Transport ist die **Translokation** von Geld, Waren oder Informationen vom **Produzenten** oder **Anbieter** zum **Auftraggeber** oder **Kunden**.

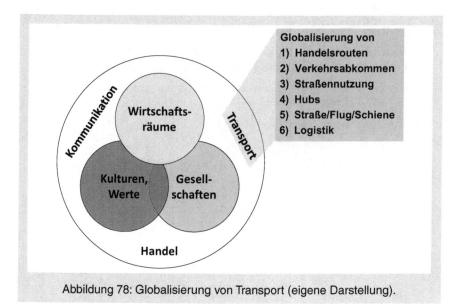

Abbildung 78: Globalisierung von Transport (eigene Darstellung).

Klassifikation von Störfaktoren	Art des Störfaktors
Kundeninduziert	• Zeitgleiche Bedarfe / Nachfragen • Dringlichkeit
Produktinduziert	• Gewicht • Haltbarkeit • Gefährlichkeit
Logistisch	• Eingeschränkte oder limitierte Transportwege • Fahrzeugauslastung
Exogen	• Terroristischer Boykott • Streiks
Geografisch	• Zeitzonen • Klimabedingungen für verderbliche Ware
Politisch	• Wareneinfuhr/Informationszugriffslimitierungen/-verbote • Zollkontrollen und -gebühren
Wirtschaftlich	• Rohstoffmangel • Komponentenverzug von komplexen Produkten

Abbildung 79: Störfaktoren des Transports (eigene Darstellung).

Der Transport gerade von Waren und Informationen stellt zunehmend die Wirtschaft vor große Herausforderungen, da es zahlreiche potenzielle Engpässe („Bottlenecks") durch globale Logistik gibt (siehe Abbildung 79).

Fragen zum Thema:

• Welche Rolle spielt der Informationstransport im Zusammenhang mit einer neuen Technologisierung (Industrie 4.0)?

• Wann macht es Sinn, Hubs einzurichten, wann ist eine dezentrale Strategie sinnvoller?

• Wie kann man das Risiko mindern, logistisch abhängig zu werden?

5.3   Kommunikation/Informationsmanagement

Unter Kommunikation und Informationsmanagement versteht man die Weitergabe einer direkten und/oder indirekten (verschlüsselten) Information an ein Ziel und einen erwünschten Empfänger oder mehrere Empfänger (siehe Abbildung 80).

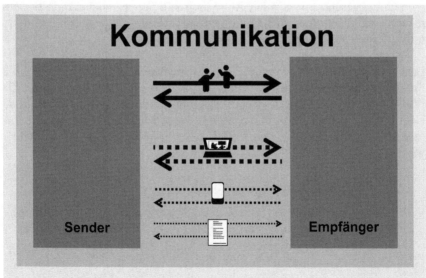

Abbildung 80: Kommunikation zwischen Sender und Empfänger. Angelehnt an das Sender-Empfänger-Modell (Shannon und Weaver, 1963) (eigene Darstellung).

5.3.1   Kommunikationsarten

Die drei Kommunikationsarten sind

- **Verbal**: Das gesprochene Wort.
- **Paraverbal:** Die Intonation.
- **Nonverbal**: Die Rhetorik, die Körpersprache, die Mimik oder eine andere Codierung, die die menschliche akustische Sprache betrifft (z. B. Schriftform, digitale Darstellung).

Im Wesentlichen werden beim Dialog und dem Führen von Menschen alle Arten genutzt.

> **Box 35: Kommunikation**
> Die Kommunikation ist die verbale, nonverbale und paraverbale Weitergabe von Informationen, die codiert und uncodiert erfolgen kann.

Neben der eigentlichen Information wird vom Sender ein codiertes Signal/ Feedback (schwarze Pfeile) gesendet, das dann möglicherweise ebenfalls codiert zurückgesendet wird (siehe Abbildung 80). Je persönlicher die Kommunikationsweise ist, desto mehr Informationen werden ausgetauscht und desto mehr Missverständnisse können ausgeräumt werden.

Hingegen stellt in der Wirtschaft beim reinen Waren- und Servicehandel die Schriftform oder die technische Codierung, vornehmlich der Datentransfer, die maßgebliche Komponente der Kommunikationsarten dar. Vor dem Hintergrund einer Industry 4.0, in der Systeme und Maschinen autonom miteinander kommunizieren und Entscheidungen treffen, wird dieser Weg noch dominierender werden (Albrecht 2016c).

> **Box 36: Interpretation von Kommunikation**
> Alle Kommunikationsarten lassen Raum für verschiedene Interpretationen und versteckte Informationen zu, die man im interkulturellen Management beachten bzw. erkennen muss, um Missverständnissen vorzubeugen (vgl. Kapitel 14, Leadership!).

5.3.2   Kommunikationssysteme

IT-unterstützte Systeme stehen neben den ursprünglichen Kommunikationsarten wie persönliche Gespräche, Telefongespräche, Briefe oder FAX im Vorder-

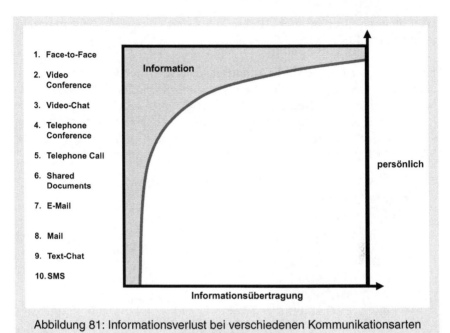

Abbildung 81: Informationsverlust bei verschiedenen Kommunikationsarten (eigene Darstellung).

grund. Auch werden in (virtuellen!) Business Meetings (siehe Kapitel 12.3.1) verstärkt Shared Documents eingesetzt.

Dabei ist generell der Informationsverlust erstaunlich, der umso größer ist, je weniger persönlich das Kommunikationsmedium ist (siehe Abbildung 81).

Nur bei amtlichen Schriftstücken ist eine Unterschrift noch erforderlich. Der alleinige Liquiditätsnachweis ist oft schon ein Garant für eine Transferleistung.

Box 37: Shared Documents
Shared Documents sind eine Anwendung, die es erlaubt, zeitgleich an einem Dokument durch mehrere Parteien zu arbeiten. Shared Documents werden oft in virtuellen Teams eingesetzt. Shared Documents reduzieren Missverständnisse und führen zum Vertrauensaufbau, da Einträge und Veränderungen in real time erfolgen.

ERP (Enterprise Resource Planning)-Systeme und Controlling-Systeme der großen Anbieter (z. B. SAP; ORACLE, Microsoft) sind inzwischen tragende Systeme, die alle notwendige Information beinhalten. Früher waren Systeme nur Daten- und Informationsspeicher, heute sind sie wichtige Steuerungselemente innerhalb der Wertschöpfungskette.

Für die Industry 4.0 sind sie die Voraussetzung. Denn die Systeme werden miteinander unabhängig vom Menschen kommunizieren. Die Fehleranfälligkeit bei kleinsten falschen Daten ist natürlich groß, doch steht demgegenüber der Vorteil der Eigensteuerung und vor allem der schnellen Reaktionszeiten. Nur an kritischen Stellen der Informationsübertragung und -prozessierung wird der Mensch noch gefragt sein (Albrecht, 2016c).

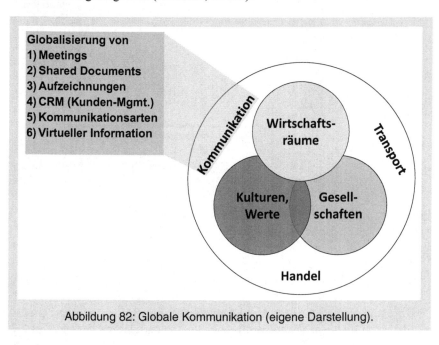

Abbildung 82: Globale Kommunikation (eigene Darstellung).

Fragen zum Thema:

• Warum führen schriftliche Informationen zu so vielen Missverständnissen?

• Welche Soft Skills sind die wichtigsten, wenn es um den Aufbau von Kundenbeziehungen geht?

• Inwiefern wird virtuelle Kommunikation unsere Arbeitswelt verändern – welche neuen Skills müssen wir zukünftig haben?

INTERNATIONALISIERUNGS-STRATEGIEN

Nachdem sowohl das Unternehmen hinsichtlich des internationalen Managements eingehend untersucht wurde (interne Analyse) und das Umfeld des Unternehmens (externe Analyse) makroskopisch untersucht wurde, werden in diesem Abschnitt des Buches die Internationalisierungsstrategien hinsichtlich der
Produkte bzw. der Märkte sowie deren Eintrittsoptionen (siehe Abbildung 83)
besprochen.

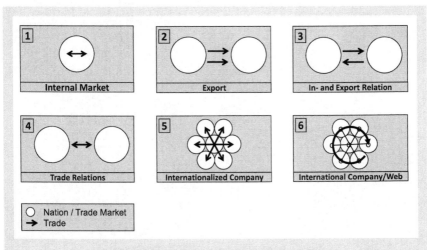

Abbildung 83: Internationalisierungsstrategien.

Nummer 1 beschreibt eine negative Internationalisierungsstrategie oder ein
sich Zurückziehen aus dem internationalen Geschäft. Nummer 6 stellt eine
Organisation mit mehreren „Headquarters", Hubs** oder Produktions- oder
Kompetenzzentren dar (eigene Darstellung).

** Hub ist ein Netzwerkknoten, also ein (inter)nationales Logistikzentrum oder -dreh-
kreuz, von dem Waren in die Peripherie transportiert bzw. verteilt werden. Dabei kann
die Ware auf anderen Transportfahrzeuge umgeladen werden.

6 Produkte

Möchte man Produkte international verkaufen, ist es wichtig zu ermitteln, welche Erwartungen seitens des Kunden bzw. des Konsumenten bestehen. Dazu ist es notwendig, Kundenprofile zu erstellen. Danach wird überlegt, inwieweit eine einheitliche Einführung eines neuen Produkts in alle Märkte möglich ist (Standardisierung). Gegebenenfalls muss die Verpackung oder sogar Teile des Produkts komplett neu designed werden. Manchmal lässt sich auch das Produkt gar nicht verkaufen, wie durch Marktstudien ermittelbar, da der Konsument aus kulturellen Gründen das Produkt verweigert (z. B. in Indien wurde der unverkäufliche McDonalds Rindfleisch-Burger zum beliebten Chicken-Burger).

6.1 Profiling

Vertreibt man Produkte international, kann man feststellen, dass verschiedene Länder unterschiedliche Bedürfnisse haben. Das hört sich banal an. Nach einer detaillierten Analyse des Zielmarktes durch *„Profiling"* (siehe **Box 38**) von Kunden und Kundensegmenten sollte das gewünschte Produkt die Bedürfnisse des Kunden befriedigen oder sogar noch übertreffen.

Box 38: Profiling

Profiling ist das Erstellen eines detaillierten Kundenprofils oder eines Kundensegmentprofils im Rahmen der A-Analyse. Dazu gehören neben Altersgruppe und Geschlecht auch Lebensstil, Kaufverhalten, andere persönliche Vorlieben, Hobbys usw. Das ist der Grund, warum jedes Unternehmen Kundendaten sammelt: Früher eher durch Preisausschreiben und Bonussysteme, heute mehr durch die Erfassung von personenbezogenen Daten und Verhalten im Internet: Welches Produkt wird wie oft und in welchem Zusammenhang (andere sogenannte Assoziativ-Themen) gesucht? Außerdem lassen sich Kunden kontinuierlich über GPS-Ortung des Handys oder andere Messdatenerfassungssysteme wie Fitnessbänder lokalisieren.

Trotz der Vorteile zeigen viele Firmen gerade hier eine hohe Ignoranz und Gleichgültigkeit. Daher kommt es immer wieder zu hohen Verlusten, die sicherlich nicht so stark hätten ausfallen müssen. So hat das Unternehmen VW 2014 10% Einbrüche beim Verkauf der Kernmarke VW in den USA gehabt, während weltweit mehr Autos davon verkauft werden konnten. Woran liegt das? Während der E-Commerce sich global reguliert, da der Kunde des jeweiligen Landes „zentral" beim Verkäufer einkauft, ist es für handelsübliche Produkte, die für einen Markt entwickelt oder aufwendig produziert werden, schwieriger. Bei den Vorlieben der US-amerikanischen Käufer zeigte sich, dass die Präferenz eher für einen Geländewagen und für eine reichere und vor allem komfortablere Ausstattung (auch für Personen mit einem größeren Körperumfang), wie es der Hauptkonkurrent Toyota anbietet. Eine Kompensation durch eine (gefälschte[17]!) „grüne Politik" von VW in den USA hat dies nicht ändern können.

Oft ist es Unwissenheit und Bequemlichkeit, Produkte anzupassen, oft leider auch bloße Ignoranz. Beispiele ließen sich auch für zahlreiche Einführungen von US-Produkten in Europa spiegeln.

6.2   Produktstrategie: Lokal versus Global

Bei der internationalen Vermarktungsstrategie von Produkten ist es entscheidend, ob das Produkt nur dem Zielmarkt entsprechen muss, in vielen Ländern gleichzeitig vertrieben werden kann oder etwas typisch Regionales verkauft werden soll.

Beispielsweise ist eine Lederhose, die sich nicht nur bei Einheimischen in Süddeutschland, sondern bei Touristen großer Beliebtheit zur Oktoberfestzeit erfreut, ein typisch lokales Produkt (mit Tradition). Jedoch ist das Hirschleder bei den meisten Lederhosen weder aus der DACH-Region, noch ihre Fertigung in Bayern oder Tirol erfolgt, sondern sie kommen meistens aus Neuseeland bzw. werden größtenteils in Indien oder China hergestellt. Hier ist die Produktstrategie **Lokalisierung**.

Bei Coca-Cola™, obwohl die Getränkeverpackung äußerlich sehr ähnlich scheint, ist der Geschmack und Süßegrad des Getränks weltweit absolut unterschiedlich und zwar abhängig vom nationalen, kulturell bedingten Geschmack. Coca-Cola™ ist ein gutes Beispiel für die **Internationalisierung** eines Produktes.

Gibt es schließlich globale Produkte, die überall weitgehend gleich sind? Produkte aus den Kategorien High-Tech-Produkte (Smart-Phones), Unterhaltungselektronik, Medikamente usw. sind für viele Länder deckungsgleich, hier ist eine **Globalisierung** des Produktes erfolgt. Man merkt das oft an einer Bedienungsanleitung, die in bis zu 30 Sprachen angelegt ist.

---

17   Abgasskandal: Fälschung der Messung von den tatsächlichen Ausstoßparametern durch spezifisch dafür entwickelte Software, die die Manipulation im Testbetrieb verschleiern sollte.

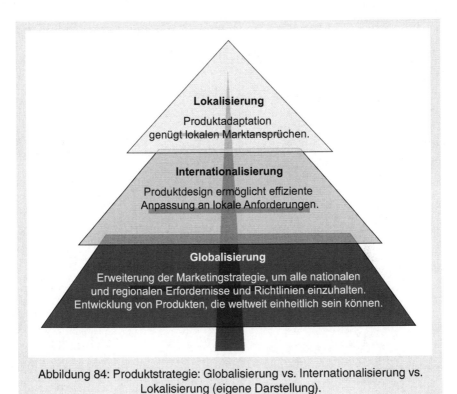

Abbildung 84: Produktstrategie: Globalisierung vs. Internationalisierung vs. Lokalisierung (eigene Darstellung).

Fragen zum Thema:

- Erklären Sie den Unterschied der Organisationsformen 5 und 6 in Abbildung 83 und nennen Sie die Vor- und Nachteile!
- Was stellt eine besonders große Herausforderung an das Kunden-Profiling? Wo können die größten Fehler liegen?
- Warum versuchen Firmen eine Produkt-Globalisierungsstrategie zu verfolgen?

7 Märkte

Um geeignete Zielmärkte für eine Internationalisierungsstrategie zu finden, ist es entscheidend, das Umfeld nach geeigneten Kandidaten zu untersuchen. Ausgehend von seinem Heimatmarkt (Kapitel 7.1) geht man in die Binnenmärkte und die Märkte, in denen man sich wegen gewisser „Marktnähe" einen Wettbewerbsvorteil verspricht (Kapitel 7.2).

7.1 Porters Diamanten-Modell

Porter entwickelte das Porter's 5-Forces-Modell (siehe Kapitel 2.7.1) weiter, als er erkannte, dass im Rahmen der Globalisierung nationale und internationale Betrachtungen an Bedeutung zunehmen. Porters Diamanten-Modell wird globalisierten Märkten gerechter (Porter, 1985a).[18] Nun werden unter anderem neben den sich gegenseitig beeinflussenden Industrien ebenso die Organisation wie auch die regulatorische Kraft der Länder und der „Zufall" als zusätzliche Komponenten aufgenommen.

Hier die sechs Komponenten des Diamanten-Modells:

Die internen Faktoren einer Organisation, also die **Strategie,** die **Struktur** und der **direkte Wettbewerb** des Unternehmens, und wie das Unternehmen kurz- und mittelfristig ausgestattet ist.

Die **Nachfragekonditionen**: Hier sind die Käufer und Kunden sowie die Endkonsumenten hervorgehoben. Im Gegensatz zu Porter's 5-Forces-Modell ist hier die Nachfrage des gesamten Marktes gemeint und nicht nur die einzelnen Käufersegmente.

Die **Industriecluster (verwandte und unterstützende Industrien)** sind nicht nur die Zulieferer, sondern können auch industrienahe andere Firmen sein, wie zum Beispiel Wettbewerber und Service-/Dienstleister. Man spricht oft von Clusterbildung, wie Ansammlung von Chemiefirmen oder Start-ups, die Filmindustrie in Hollywood oder das Silicon Valley der IT-Industrie.

---

18 Auch wenn Michael Porter ursprünglich von einer Organisation innerhalb eines Landes gegenüber ausländischen Konkurrenten mit dem jeweiligen nationalen Markt/Binnenmarkt ausging, so lässt sich dieses Modell hervorragend auf eine global-vernetzte Wirtschaft projizieren, die – genauso wie eine Volkswirtschaft – den gleichen Kräften unterworfen ist.

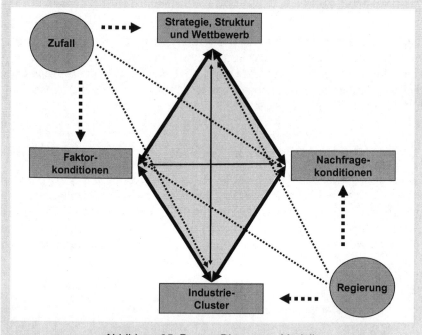

Abbildung 85: Porters Diamanten-Modell.
Die externen Kräfte, denen ein Unternehmen im internationalen Markt ausgesetzt ist, verändert nach Michael Porter (1985a) (eigene Darstellung).

Die **Faktorkonditionen**, die die Grundlagen eines Betriebes darstellen (Kapitel 3): Das sind alle Ressourcen und die gesamte Infrastruktur, die sowohl direkt (tangibel) als auch indirekt (intangibel) dem Unternehmen zur Verfügung stehen:

Personalressource: Bereitstellung von Personal sowohl in Qualität und Quantität einschliesslich des Intellectual Capital (Kapitel 3.3).

Finanzielle Ressourcen: Wertaufbau und Umwandlung sowie der Kapitalfluss und die Verfügbarkeit von Geld oder mobilen/immobilen Werten.

Materielle Ressourcen: Die Bereitstellung und Nutzung von Maschinen, Werkzeugen und Rohstoffen sowie von Energie und Wasser, aber auch die Infrastruktur, also alle Systeme und Prozesse, vor allem Kommunikations-, Logistik- und Transportsysteme.

Die **Regierung** (inklusive aller Gesetze), die Förderungen, Sanktionen und Standards festlegt: Die stärker werdende Regulierung von Märkten durch Staaten und/oder Handelsabkommen sowie zunehmende Auflagen hinsichtlich Qualitäts- und Sicherheitsstandards basierend auf einer stärker vernetzten Welt. Dazu gehören auch nationale Maßnahmen wie die „Abwrackprämie" zur Stimulierung des Neuwagenkaufs in konjunkturschwachen Jahren.

Der **Zufall** als unbekannter Parameter, den man nicht beeinflussen kann. Er hat eine größere Bedeutung als man bisher geglaubt hat: Makroökonomisch stellte man zuletzt fest, dass weder die Finanzkrise um das Jahr 2008 noch der atomare Unfall in Fukushima (Japan) 2011 sehr schwer zu prognostizieren bzw. zu verhindern war (vgl. Kapitel 1.1.2). Die wirtschaftlichen Schäden waren global zu spüren und haben manche Länder in den Ruin getrieben.

7.2   Product Operations Market-Modell

Wie das Uppsala-Modell (siehe Abbildung 98) geht das **Product Operations Market-Modell** (POM-Modell) von Luostarinen (1979) (siehe Abbildung 86) davon aus, dass eine Internationalisierung erst dann erfolgt, wenn genügend Informationen über die eigene Firma (Kapitel 2.2 bis 2.5) und über das Umfeld (Kapitel 2.6 bis 2.9) vorliegen. Erst dann wird erwogen, Heimat oder Binnenmarkt versus neue internationale Märkte zu penetrieren.

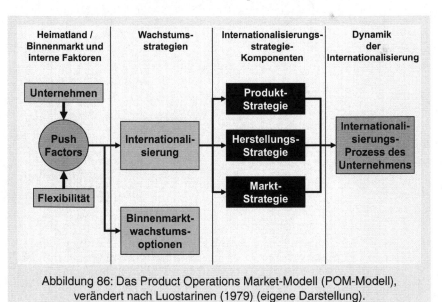

Abbildung 86: Das Product Operations Market-Modell (POM-Modell), verändert nach Luostarinen (1979) (eigene Darstellung).

Veränderungen wie die Internationalisierung der Firma werden meist auf Grund der Situation der eigenen Firma (Geschäftsführerwechsel, Übernahmen, Innovationsantrieb) und des Operationsgebietes durch sogenannte „Push factors" angestoßen.

Dabei stehen die drei kritischen Größen im Vordergrund: Welches **Produkt** eignet sich für welchen **Markt** mit welchen Produktions- und Logistikwegen (**Operations**) (siehe Abbildung 86).

Box 39: Product Operations Market-Modell (POM-Modell)

Nachdem die Entscheidung zur Internationalisierung getroffen wurde und keine anderen (besseren) Wachstumsoptionen im Binnenmarkt zu erkennen sind, wird die Internationalisierung durch das POM-Modell auf die drei Komponenten Produkt-, Herstellungs- und Marktstrategie fokussiert.

Fragen zum Thema:

• Erklären Sie alle sechs Einflussgrößen von Porters Diamanten-Modell und stellen Sie den Bezug zu Porter's 5-Forces-Modell her!

• Erklären Sie die „Push-Faktoren" innerhalb des POM-Modells (Abbildung 86)!

• Was sind „Pull-Faktoren" innerhalb des POM-Modells (Abbildung 86)?

8 Markteintritt

8.1 Wettbewerbssituation

Voraussetzung für eine richtige Entscheidung hinsichtlich des Markteintritts ist eine gründliche Analyse sowohl der Organisation als auch der potenziellen Länder oder Regionen. Die A-Analyse (siehe Abbildung 19) ist dafür sehr geeignet (siehe Kapitel 2).

Der eigene (relative) Wettbewerbsvorteil wird gegenüber der weltweiten Industrieattraktivität gespiegelt: Inwieweit sich überhaupt eine strategische Neuausrichtung und ein Investment lohnt. Das erfolgt mittels einer GE-Matrix, die eine Erweiterung der BCG-Matrix (Abbildung 40) ist. Wie in Abbildung 87 zu sehen ist, wird die Entscheidung durch die Dimensionen der eigenen Position und der Industrieattraktivität getragen.

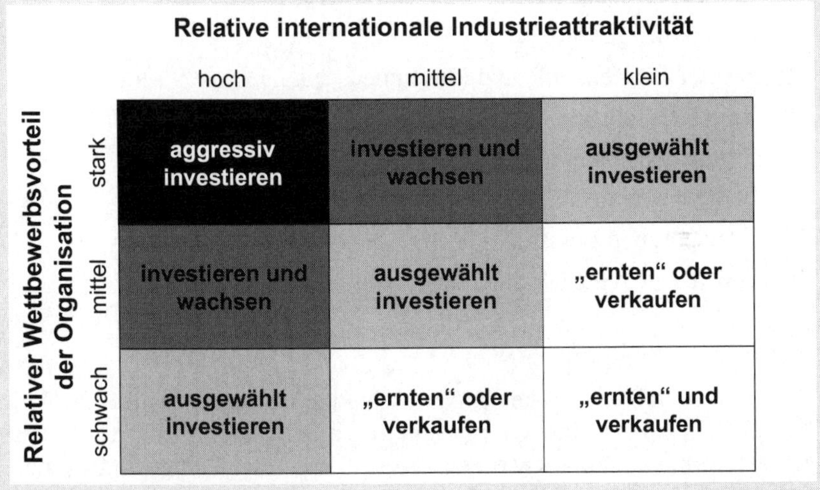

Relative internationale Industrieattraktivität

		hoch	mittel	klein
Relativer Wettbewerbsvorteil der Organisation	stark	aggressiv investieren	investieren und wachsen	ausgewählt investieren
	mittel	investieren und wachsen	ausgewählt investieren	„ernten" oder verkaufen
	schwach	ausgewählt investieren	„ernten" oder verkaufen	„ernten" und verkaufen

Abbildung 87: GE-Matrix, angepasst nach Arnd Albrecht (eigene Darstellung).

Um den eigenen **relativen Wettbewerbsvorteil** zu ermitteln, vergleicht man sein Unternehmen mit dem Benchmark der Branche hinsichtlich folgender Aspekte:

1. Relatives Intellectual Capital (Know-how, Patente usw.),
2. Relatives Innovationspotenzial (F&E-ROI, Kooperationen usw.),
3. Adäquates Personal (Quantität und Qualität),
4. Relative Finanzkraft (Reserven, Working Capital, Cash Flow usw.),

5. Relative Marktposition im Inland und Ausland,

6. Relativer Marktanteil im Inland und Ausland,

7. Relatives Produktionspotenzial (Neue Fertigungsanlagen, Qualitätszertifizierung usw.).

Die **relative internationale Marktattraktivität** wird durch folgende Parameter bestimmt:

1. Anzahl der Wettbewerber im Zielmarkt/global

2. Stärke der Wettbewerber im Zielmarkt/global

3. Marktgröße

4. Länderportfolio

5. Geographie der Länder

6. Marktwachstum

7. Markteintrittsbarrieren

8. Produktmarge

9. Zugriff auf Rohstoffe und Maschinen

10. Zulieferernetz und Supply Chain

11. Produktionslokation und -kosten

12. Energieautarkie

13. Transport und Logistik

14. Spezifische regulatorische Bestimmungen.

Box 40: Benchmark

Bezugswert im Markt: Sogenanntes „Best Practice" oder „State of the Art" bezüglich Qualitäts-, Prozess-, Produkt- und Servicestandards. So werden Vergleiche mit dem Branchen-Primus oder den besten Wettbewerbern hergestellt.

8.2   Untersuchung potenzieller Länder

Wichtig ist die richtige Anwendung: nämlich dass für alle Bereiche – sofern es sinnvoll ist – nach Faktoren gesucht wird, damit durch sie die Betrachtung der externen Umgebung (wie z. B. eine Situationsanalyse, eine Markteinführung eines Produkts in einem anderen Land, die Beschreibung eines Wirtschaftsraumes) möglichst exakt durchgeführt werden kann.

MERKE:

Wie bei allen Modellen wird gewarnt, Modelle komplett auszuschöpfen, wenn es möglicherweise keinen Mehrwert bringt. Zum Beispiel kann für einen Markteintritt in ein weiteres europäisches Land der regulatorische Einfluss sehr gering sein!

Eine gute Strukturierung bietet hierbei die PESTLE-Analyse (Kapitel 2.6, Abbildung 49).

Markteintrittsstrategie für ein asiatisches Land

Political	Politische Instabilität (Diktatur wurde aufgelöst, Parteiensystem wird etabliert), militärische Konflikte mit Nachbarland nicht ausgeschlossen, hohe Korruptionsrate
Economical	Großer und wachsender Absatzmarkt, starker Mitbewerber im Nachbarland des Ziellandes
Social	Billige Produktionskosten, besserer Zugriff auf internationale Arbeitskräfte (Rekrutierung), politische Instabilität des Ziellandes / Armut der Bevölkerung (Piraterie)
Technological	Schlechte Infrastruktur, Zulieferindustrie nicht vollständig verfügbar
Legal	Hohe Einfuhrzölle, komplexe Arbeitszeitgesetze, geringe Gewerbesteuer
Ecological	Hohe Umweltauflagen, teure Sondermüllentsorgung, Strom aus regenerativen Energien

Abbildung 88: Beispiel einer Markteintrittsstrategie.
Beispiel einer PESTLE-Analyse in einem asiatischen Land.

8.3   Strategie-Implementierungskreislauf

Die Erstellung und Überprüfung von Strategien ist für eine Organisation lebenswichtig. Dazu gehören neben der Schaffung einer Identität auch die Überlegungen zur Umsetzung der Business-Idee. Darüber hinaus werden die Identität des Unternehmens (Vision, Werte, Kultur) und seine Kontrollmechanismen zur Umsetzung der Strategie etabliert. Allerdings ist dabei die Heterogenität der Organisation zu berücksichtigen!

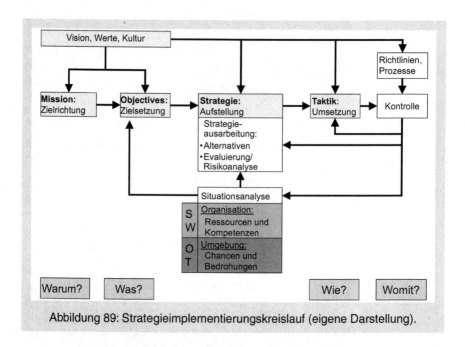

Abbildung 89: Strategieimplementierungskreislauf (eigene Darstellung).

Ist die Organisation etabliert, so müssen fortlaufend die inneren und externen Faktoren analysiert werden, um zunächst die aktuelle Situation (Ist-Zustand oder Status Quo) festzustellen und mögliche Handlungsoptionen (Soll-Zustand) zu erarbeiten. Im internationalen Kontext ist dies oft schwierig, da multiple Einflüsse und Verflechtungen vorhanden sind. Um so wichtiger ist es,

1. die Analysen genau durchzuführen,

2. abschließend richtig zu bewerten und

3. eine Handlungsempfehlung basierend auf den Ergebnissen[19] zu geben.

8.4   Markteintrittsstrategien

Um sich erfolgreich in einem Markt zu positionieren und langfristig agieren zu können, müssen gerade die ersten Schritte besonders wohl überlegt sein.

---

19   Entscheidungshemmnisse bei Managern beruhen darauf, dass man Risikoszenarien einkalkulieren möchte und sich nicht traut, eine Entscheidung zu treffen. Dem ist entgegenzutreten: Wichtiger ist es, dass eine (Firmen)kultur geschaffen wird, in der Entscheidungen basierend auf einer sorgfältigen (!) Analyse unterstützt und gefördert werden. Dabei ist der Status quo tatsächlich mit dem Datum verbunden, an dem die Entscheidung für das Ergebnis gefällt wurde.

Zehn generelle Markeintrittstypen existieren:

- **Export**: Export ist die Ausfuhr von Gütern oder Dienstleistungen über die Landesgrenzen hinweg, in der Regel über unabhängige Logistik bzw. Systeme.

- **Countertrade:** Countertrade ist der Austausch von Waren oder Dienstleistungen (Tauschhandel), manchmal auch Informationen oder Knowhow. Streng genommen ist jede Bezahlung einer Ware oder Dienstleistung ein Countertrade, da Ware gegen Geld „getauscht" wird. Hier ist aber konkret der Austausch einer Ware/Service/Information A gegen eine Ware/Service/Information B gemeint, im Bank-/Dienstleistungsgeschäft auch der reine Austausch von Währungen oder Wertinhalten.

- **Tolling** (Contract Manufacturing): Tolling oder Contract Manufacturing ist eine Fremdfertigung. Einerseits kann man das aus der Perspektive des Auftraggebers sehen, also man lässt fremdfertigen. Oder andererseits betrachtet man Tolling aus der Perspektive des Dienstleisters, d. h. man fertigt für jemand anderen in seiner Produktion, um „Idle Capacity" zu reduzieren.

- **Licensing:** Hier wird das Produkt (Dienstleistung) zur Herstellung und/oder Nutzug vom Lizenzgeber zur Verfügung gestellt. Dies erfolgt gegen eine Beteiligung am Umsatz/Gewinn des Lizenznehmers. Lizenzen machen Sinn, wenn man das gleiche Produkt mit gleicher Qualität global anbieten möchte und produktionstechnische oder logistische Gründe eine Vor-Ort-Produktion begünstigen.

- **Franchising:** Franchising ist die Inanspruchnahme von Facilities, Ausstattung und Werbemaßnahmen vom Firmenbesitzer. Das Branding der Filialen und das gleiche Sortiment sowie der gleiche Werbeauftritt unterstützen den Franchisenehmer. Dafür zahlt der Franchisenehmer eine Nutzungsgebühr.

- **Service Contracts:** Das sind Einzelverträge (die in Rahmenverträgen gebündelt sein können) zu Dienstleistungen von Serviceunternehmen, von Gebäudereinigungsfirmen und Eventagenturen bis hin zu Beratungsfirmen.

- **Turnkey Projects:** Turnkey Projects sind schlüsselfertige Gebäude, Anlagen, Prozesse oder Systeme. Bei der Durchführung dieser Projekte, handelt es sich um Spezialfirmen, die beispielweise eine neue Produktionslinie aufbauen oder eine Datenbank benutzerfertig inklusive Schulung dem Kunden zur Verfügung stellen. Auch der Bau ganzer Firmenanlagen in unerschlossenem Gelände, Großbauprojekte wie Flughäfen oder Auto-/Bahntrassen gehören dazu. Eine Koordination von mehreren ARGEn (Arbeitsgemeinschaften) ist dazu notwendig.

- **Strategic Alliances (Non-equity-/equity-based):** Strategische Allianzen sind meist für eine Projektzeit determiniert und werden danach wieder gelöst. Wie bei den Joint Ventures nutzt man hier die Stärken des Partners, die in zusätzlicher Ressourcenkraft (Geld und Personal), in etablierten Produktions-, Logistik- oder Vertriebsstrukturen oder im Erfahrungs- und Wissensvorsprung liegen. Damit wird das Risiko reduziert und die Erfolgsaussichten maximiert. Es kann sich auch schlichtweg um einen Zusammenschluss gegenüber Behörden, Gesellschaften oder Wettbewerbern handeln.

- **Joint Ventures:** Joint Ventures werden im allgemeinen Sprachgebrauch fälschlicherweise mit der Kooperation zweier oder mehrerer Firmen gleichgesetzt. Es kann sich um ein Joint Venture handeln, muss es aber nicht. Joint Venture ist immer mit der Gründung einer neuen rechtlichen Geschäftsform (legal entity) verbunden. Diese besteht in aller Regel aus (nahezu) gleichen Anteilen der Firmen A und B etc. Joint Ventures werden oft bei kostenintensiven und/oder risikoreichen Projekten angewendet (Pharma-Forschung, Elektrocar-Entwicklung usw.).

- **Owned or Founded Affiliate (Entirely/partly independently):** Diese ist die konservativste Entscheidung, nämlich selber vor Ort in den Markt zu penetrieren. Entweder kauft man sich in den betreffenden Zielmarkt ein oder man baut eine eigene Niederlassung. Diese kann von einem bloßen Vertriebsbüro bis hin zu einer eigenen Tochtergesellschaft mit Produktion, Vertrieb und Verwaltung reichen.

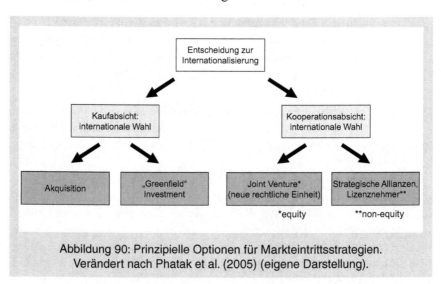

Abbildung 90: Prinzipielle Optionen für Markteintrittsstrategien. Verändert nach Phatak et al. (2005) (eigene Darstellung).

Generell gibt es zwei grundsätzliche Entscheidungen zu treffen:

*   Entweder will man weitgehend unabhängig agieren und viel Geld investieren, indem man in einen eigenen Standort investiert. Eine Steuerung ist dadurch zwar einfacher, aber ein Exit würde schwieriger und kostenspieliger sein (siehe Abbildung 90, links);

*   oder man möchte in Form von Kooperationen internationalisieren. In diesem Fall ist zwar die Abhängigkeit und das Zeitinvestment größer, aber ressourcenschonender. Außerdem ist es zudem risikoärmer und Know-how kann zusätzlich noch abgegriffen werden (siehe Abbildung 90, rechts).

Wendet man diese Überlegungen auf mögliche Umsetzungen der Markteintrittsstrategie an, so ergibt sich ein differenzierter Blick (siehe Abbildung 91).

Markteintritts-Typ	Steuerung/ Kontrollierbarkeit	Systemisches Risiko	Informations-verteilungsrisiko	Ressourcen-Bindung
Export	gering	gering	gering	gering
Countertrade	gering	gering	gering	gering
Contract manufacturing	mittel	mittel	gering – mittel	gering
Licensing	gering	gering	hoch	gering
Franchising	gering – mittel	gering	mittel	gering
Service Contract	mittel	gering	mittel	gering
Turnkey	gering	gering	gering	gering
Equity-based entry: Joint Venture	mittel – hoch	mittel – hoch	mittel – hoch	mittel – hoch
Tochtergesellschaft	hoch	hoch	gering	hoch

Abbildung 91: Bewertung von Markteintritts-Typen.
Verändert nach Phatak et al. (2005) (eigene Darstellung).

Die Entscheidung muss also auf Grund der eigenen Ressourcen und Fähigkeiten (Push-Faktoren) bzw. der externen Faktoren (Pull-Faktoren) gefällt werden (siehe Abbildung 92).

Push-Faktoren (intern):

• **Firmengröße:**	„Kritische Größe" bezüglich Ressourcen wie Finanzen, Personal, Netzwerk usw.
• **Multinationale Erfahrung:**	Erfahrung mit anderen Kulturen, Sprachenkenntnis usw.
• **Technisches Know-How:**	Erfahrungen und Expertise in der Forschung, Herstellung und Vertrieb von Produkten.
• **Markt-Know-How:**	Marktwissen und Kundenwissen: Wettbewerber, Kundenverhalten/-erfahrung, Vertriebskanäle usw.
• **Komplexität: Aufwendigkeit**	Produktions- oder Vertriebsgröße und/oder in der Herstellung und/oder Produkterklärung.

Pull-Faktoren (extern):

• **Industriewachstum:**	Weltweites Wachstum der Industrie, in der sich das Unternehmen befindet oder (noch) nicht aktiv ist.
• **Globale Konzentration:**	Anhäufung von Wettbewerbern, Forschungseinrichtungen, Zulieferern, Kunden usw.
• **Politische Stabilität:**	Land ist politisch berechenbar, stabil und sicher, Rechtslage eindeutig usw.
• **Kulturelle Ähnlichkeit:**	Sprache, kulturelle Übereinstimmungen, gleiche Tradition usw.
• **Marktpotenzial:**	Erhöhtes Marktpotenzial im Sinne von Wachstum und/oder Marge.

Abbildung 92: Faktoren, die den Markteintritts-Typ beeinflussen (eigene Darstellung).

MERKE:

Eine gute Entscheidung, welche Markteintrittsstrategie zu wählen ist und wie erfolgreich diese umgesetzt wird, hängt von den internen Faktoren einer Organisation ab. Deshalb ist es so wichtig, eine interne Analyse vorher genau durchzuführen! Business Development wird manchmal zwar von Fachabteilungen und beratungsseitig strategisch gut geplant, leider werden aber nicht immer (manchmal gar nicht!) alle internen tatsächlichen Stärken und Schwächen der Organisation berücksichtigt.

Fragen zum Thema:

• Erklären Sie den Unterschied zwischen Franchise- und Lizenznehmer!

• Nennen Sie die Vor- und Nachteile als Franchisenehmer!

• Was sind die größten Risiken, aber auch Chancen, wenn Sie eine Tochtergesellschaft im Ausland gründen?

INTERNATIONALE
UNTERNEHMENSFÜHRUNG

Die Wertevorstellung und die Führung einer Organisation bilden den Kern in der gesamtheitlichen Betrachtung der Treiber innerhalb einer Organisation und bei deren Interaktion mit der Umwelt (siehe Abbildung 93).

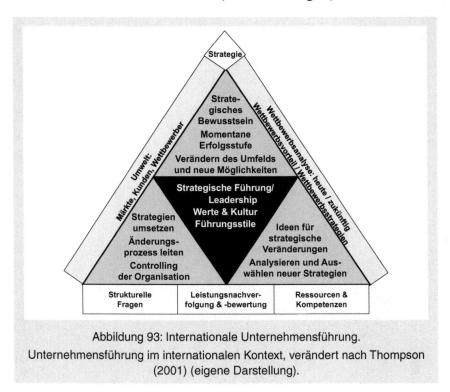

Abbildung 93: Internationale Unternehmensführung. Unternehmensführung im internationalen Kontext, verändert nach Thompson (2001) (eigene Darstellung).

Im Gegensatz zu vielen Strategiemodellen muß die Steuerung einer internationalen Organisation von innen erfolgen. Nicht nur die sichtbaren Stärken und Schwächen sind entscheidend, auch das Kultur- und Werteverständnis einer Organisation. Selbstverwaltende Organisationen gibt es immer mehr, doch ist das Misstrauen diesen gegenüber von Managern noch immer ungebrochen.

Die Steuerung der Organisation durch einheitliche und somit standardisierte Methodik (siehe Strategisches internationales HRM im Kapitel 11.1) ist ab einer bestimmten Unternehmensgröße eine Voraussetzung. Trotzdem sollte gewisse Flexibilität in Prozessen gegeben sein, um auf Kundenbedürfnisse eingehen zu können.

9 Internationale Organisationen

Internationale Organisationen sind strukturbedingt komplex und in ihrer Führung oft sehr herausfordernd. Beispielsweise muss ein Projektleiter neben der eigentlichen Projektarbeit das Team zusammenhalten und zu bester Leistung antreiben, obwohl es oft nur virtuell kommunizieren kann. Weitere Vor- und Nachteile sind in Abbildung 94 dargelegt.

Vorteile	Nachteile
• Einbindung internationaler Experten / Spezialistenorientierung durch den funktionalen Aspekt	• Hohe organisatorische Komplexität
• Beibehaltung der lokalen Marktnähe durch Divisions- / Kundenorientierung des internationalen Konzerns	• Demotivierendes Maß an Abstimmungsnotwendigkeit
• Erzielen eines hohen Sachverstandes durch multinationale mehrdimensionale Kompetenzbildung	• Gefahr von Konflikten durch Mehrfachunterstellung
• Entlastung der Führungsspitze durch eine höhere Anzahl von Führungskräften	• Höherer Bedarf an Führungskräften
	• Hohe Kosten
	• Kommunikationsbarrieren
	• Motivationsvariabilität

Abbildung 94: Vor- und Nachteile einer internationalen Matrixorganisation (eigene Darstellung).

Zur Steuerung einer Organisation können entweder einzelne internationale Aufgaben „outsourced" werden oder gleiche Funktionen gebündelt und zu einer eigenständigen Organisationseinheit verschmolzen werden wie in einem **Shared Service Center (SSC)**.

Box 41: Shared Service Center (SSC)

Ein Shared Service Center ist eine Organisationseinheit, die durch Zentralisierung und Ausgliederung von Dienstleistungstätigkeiten (im weiteren Sinne auch anderer Funktionen) entstanden ist. Die Gründe für ein SCC sind erstens die Identifizierung von Nichtkernkompetenzen, zweitens eine Schaffung organisatorischer oder prozessualer Synergien und damit drittens eine Kostenersparnis durch Bündelung von gleichen Funktionen. Nicht alle drei Gründe müssen zutreffen. Hauptsächlich wird die (kurzfristige!) Kostenersparnis in den Vordergrund gestellt, die gerade im internationalen Kontext tückisch sein kann, beispielsweise die gesamte IT nach Indien auszulagern oder das gesamte Training des Konzerns in ein Billiganbieterland zu verlegen!

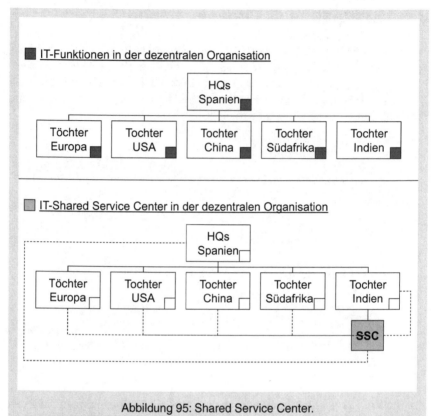

Abbildung 95: Shared Service Center.
Unterschiede zwischen dezentraler Funktionsverteilung und Zusammenfassung
der Funktionen in einem Shared Service Center (SSC) (eigene Darstellung).

Das **Prinzipal-Agent-Modell** beschreitet einen anderen Weg, um eine Nutzenmaximierung herbeizuführen. Es betrachtet diejenigen Tochtergesellschaften, die spezifische Leistung und Informationsdienstleistungen auf Grund ihrer Spezialisierung besser ausführen können, als der Prinzipal. Somit arbeiten die Agenten dem Prinzipal, dem eigentlichen Unternehmen, zu. Die Kosten werden intern verrechnet. Beispielsweise wird das HQ in das Ausland (außerhalb des Binnenmarktes) verlegt, um steuerliche Vorteile zu erlangen, um dann die Leistungen seiner Tochtergesellschaften einzukaufen.

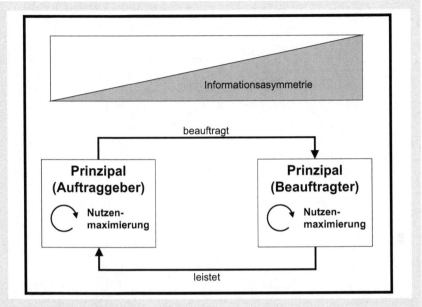

Abbildung 96: Prinzipal-Agenten-Modell (eigene Darstellung).

Fragen zum Thema:

- Warum steht Leadership, Kultur und Werte im Mittelpunkt der strategischen Führung eines Unternehmens (siehe Abbildung 93)?
- Was sind die Vorteile einer internationalen Organisation?
- Welche Möglichkeiten gibt es prinzipiell, um Tochtergesellschaften zu führen?

10 Internationale kleine und mittlere Unternehmen (KMU)

Kleine und mittlere Unternehmen (KMU)[20] oder SME (aus dem Englischen für Small Medium Enterprise) machen den Großteil der Wirtschaftskraft Deutschlands aus (Mittelstand). In anderen Ländern sind das vorwiegend kleine Familienunternehmen wie zum Beispiel in Italien.

10.1 KMU im globalen Kontext

Kleine und mittelständische Unternehmen (KMU) sind besonders von Globalisierungsdynamiken betroffen, da ihre Handlungsfähigkeit wegen ihrer eingeschränkten Ressourcen oft limitiert ist (siehe Abbildung 97).

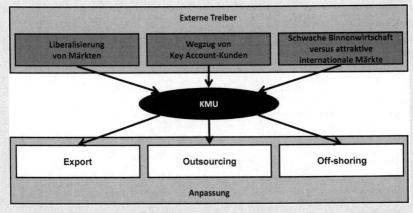

Abbildung 97: Triebfedern und Anpassung von KMU an internationale Märkte nach Brenken (2006).

---

20 Die Definition von Kleinstunternehmen, kleine und mittlere Unternehmen (KMU) basieren auf der EU-Empfehlung 2003/361 (Europäische Kommission, 2003). Viele dieser Unternehmen sind Familienunternehmen. KMUs sind Unternehmen mit nicht mehr als 249 Beschäftigten und einem Jahresumsatz von maximal 50 Millionen Euro oder einer Bilanzsumme von höchstesn 43 Millionen Euro. Dabei werden drei Kategorien von Unternehmensgrößen unterschieden: Kleinstunternehmen mit bis zu neun Beschäftigten und bis zu 2 Millionen Euro Umsatz pro Jahr, Kleine Unternehmen mit bis zu 49 Beschäftigten und bis zu 10 Millionen Euro Umsatz pro Jahr und Mittlere Unternehmen mit bis zu 249 Beschäftigten und bis zu 50 Millionen Euro Umsatz pro Jahr (ifm, 2005).

10.2   Uppsala-Modell

Obwohl die KMUs wegen ihrer geringen Größe oft eine Limitierung in ihrem Aktionsradius haben, gibt es Strategien, die sie oft stringent bei der Internationalisierung verfolgen. Ein klassisches Modell, das die meisten KMUs verfolgen, ist das Uppsala-Modell nach Johanson und Vahlne (1977), das dem POM-Modell (siehe Kapitel 7.2) ähnlich ist. Wie beim POM-Modell geht man – gerade bei KMUs – davon aus, dass geographische und/oder kulturelle Nähe günstig für die ersten Internationalisierungsschritte sind:

- Geographische Nähe: Nachbarland, günstiger Transportweg
- Kulturelle Nähe: Sprache, kulturelle Ähnlichkeit

Das Uppsala-Modell zeigt in einem zirkulären Prozess, wie das vorhandene Know-how über einen ähnlichen Markt oder kulturelle Übereinstimmungen genutzt wird, um eine Entscheidung herbeizuführen, sich danach für einen neuen internationalen Markt festzulegen, wieder Erfahrungen zu sammeln, um dann immer weiter in andere weiter entfernte Märkte vorzudringen (siehe Abbildung 98.

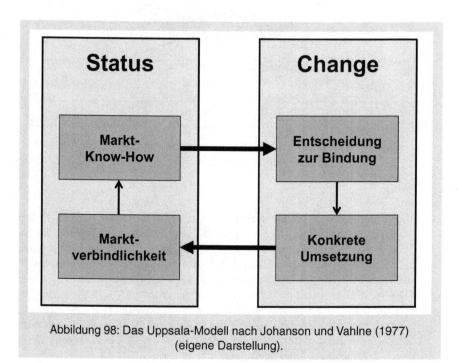

Abbildung 98: Das Uppsala-Modell nach Johanson und Vahlne (1977) (eigene Darstellung).

Box 42: Uppsala-Modell

Das Uppsala-Modell beschreibt eine Markteintrittsstrategie zur Internationalisierung eines Unternehmens. Dabei richtet sich die Strategie danach, welcher Markt geographisch und/oder kulturell näher dem bisherigen Markt bzw. der Herkunft der Firma steht. Danach werden (geographisch bzw. kulturell) immer weiter entfernte Märkte erobert.

Kombiniert man die Markteintrittsstrategien (Kapitel 8) mit dem Uppsala-Modell, so kann man einen ganz konkreten strategiebasierten Umsetzungsplan festlegen (siehe Abbildung 99).

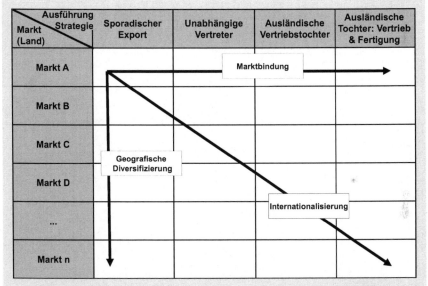

Abbildung 99: Anwendung des Uppsala-Modells auf Markteintrittsoptionen, eigene Darstellung in Anlehnung an Johanson und Vahlne (1977).

Fragen zum Thema:
• Welche besondere Herausforderungen haben KMUs?
• Wie sollte eine Internationalisierung laut dem Uppsala-Modell erfolgen?
• Was ist bei dem Uppsala-Modell kritisch zu sehen?

11 Internationales Human Resource Management (HRM)

Um geeignetes Personal zur Verfügung zu stellen, bedarf es einer Instanz, die die Funktion Human Resource Management (HRM) ausübt. Diese stellt im Unternehmen weltweit sicher, dass die Manager die richtigen Mitarbeiter rekrutieren, die Belegschaft richtig weiterentwickelt wird und dass die Angestellten durch Belohnungsmaßnahmen im Unternehmen motiviert gehalten werden. Viel wichtiger ist jedoch, dass die HRM-Funktion als neutraler Business-Partner die geeignetsten Mitarbeiter auf Grund ihrer Fach- und Soft Skill-Kompetenzen einstellt (einstellen lässt) und für deren effektiven und effizienten Einsatz die notwendige Infrastruktur zur Verfügung stellt. Außerdem muss die HRM-Funktion strategische Trends in der Businesswelt beobachten und vorzeitig proaktiv Maßnahmen zur Ressourcen-Sicherstellung einleiten.

Im internationalen Unternehmen stellt die HRM-Funktion ein wichtiges Widerlager gegenüber Tochtergesellschaften und Fachabteilungen dar, die beispielsweise ihre fähigen Mitarbeiter dem HQ nicht zur Verfügung stellen wollen.

> **Box 43: Internationales HRM**
>
> Internationales HRM (Human Resource Management) ist die international strategische und operationale Bereitstellung von adäquatem Personal, um einen Wettbewerbsvorteil zu erlangen hinsichtlich übergreifender Mitarbeiterintegrität innerhalb einer definierten Organisationseinheit.

11.1 Strategisches HRM

Historisch gab es in Unternehmen keinerlei HRM-Strategie oder es gab zwar eine Strategie, die aber völlig losgelöst von der Unternehmensstrategie war. Mit zunehmender Entwicklung der modernen HRM-Funktion wurde die strategische Bedeutung der Funktion HRM aufgewertet.

Die Gründe dafür liegen einerseits in der neuen Rolle des Managers, der operationelle Funktionen vom HRM übernommen hatte (Umsetzung moderner Führungsinstrumente im Management und im Leadership), andererseits aber vor allem in der höheren Komplexität von Unternehmen mit ihren vielen Stakeholdergruppen und letztlich in der Internationalisierung. Dadurch verschob sich der Fokus von einer reinen Personalbeschaffungsfunktion hin zur strategischen Einheit, die langfristig sicherstellen muss, dass die richtigen Mitarbeiter zur richtigen Zeit am richtigen Ort sind (Sparrow, 2007).

Je limitierter die Arbeitskräfte sind, desto mehr ist die HRM-Funktion in der strategischen, weil langfristigen Personal-Beschaffung gefordert. Ein Sonderfall ist die Nr. 4 und Nr. 5 in Abbildung 100. Nr. 4 stellt klassischerweise einen Familienbetrieb oder ein KMU dar. Hier sind die Einzelstrategien der Fachabteilungen in der Person des Unternehmensleiters (oft des Gründers) vereint. Nr. 5 stellt typischerweise die HRM-Strategie eines Unternehmens aus dem Service- und Dienstleistungssektor dar. Hier zählt das Humankapital, sei es das geistige oder das handwerkliche.

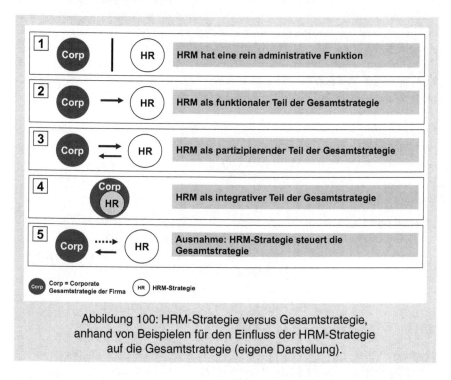

Abbildung 100: HRM-Strategie versus Gesamtstrategie, anhand von Beispielen für den Einfluss der HRM-Strategie auf die Gesamtstrategie (eigene Darstellung).

Eine Organisation muss international nicht nur optimal mit Personal ausgestattet werden, sondern vor allem die Tochtergesellschaften müssen innerhalb der internationalen Organisation richtig gesteuert werden. Dabei gibt es laut Dickmann und Müller-Camen (2006) zwei wesentliche Dimensionen: Standardisierung und Netzwerk. Danach ist multi-nationales HRM absolut unabhängig und lässt keinen großen Wissenstransfer zu (Quadrant links unten in Abbildung 101): Die Tochtergesellschaften sind hinsichtlich HRM schlecht zu steuern. Das ist im wissensverknüpften HRM optimal, wenn auch eine Standardisierung oft nicht implementiert wurde (Quadrant rechts unten in Abbildung 101). Globale Unternehmen haben einen hohen Standardisierungsgrad und geben den Tochtergesellschaften klare Vorgaben, was die Innovation oft bremst (Quadrant oben links in Abbildung 101): Der Wissenstransfer ist hier sehr klein. Bei dem transnationalen HRM-Gebilde ist eine Standardisierung und ein gleichzeitiger Wissenstransfer bilateral zwischen HQ und Tochtergesellschaft gegeben (Quadrant oben rechts in Abbildung 101).

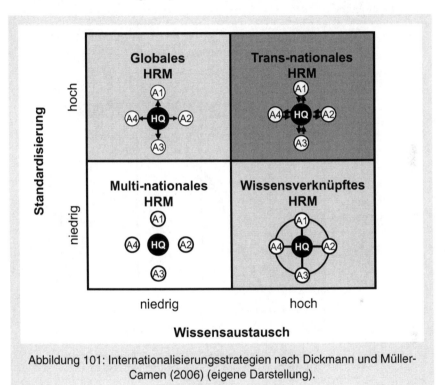

Abbildung 101: Internationalisierungsstrategien nach Dickmann und Müller-Camen (2006) (eigene Darstellung).

11.2   Operationales HRM

Der Autor hat in Anlehnung an den Produktlebenszyklus (PLC) (siehe Abbildung 58) einen HRM-Lebenszyklus entwickelt. Der HRM-Lebenszyklus besteht aus vier Phasen (siehe Abbildung 102):

- Recruiting-Phase
- Development-Phase
- Retention-Phase
- Dismissal-Phase

Das entspricht also dem **Einstellen**, dem **Entwickeln**, dem **Binden** und dem **Ausschleusen** von Mitarbeitern. Die letzte Phase kann das „natürliche" Verlassen, also die Verrentung sein; ebenso sind Kündigungen oder Entlassung des Mitarbeiters denkbar. Meistens ist der Grund aber das Verlassen einer Stelle, um durch Entwicklung und Erfahrung eine höhere Position im gleichen Unternehmen einzunehmen.

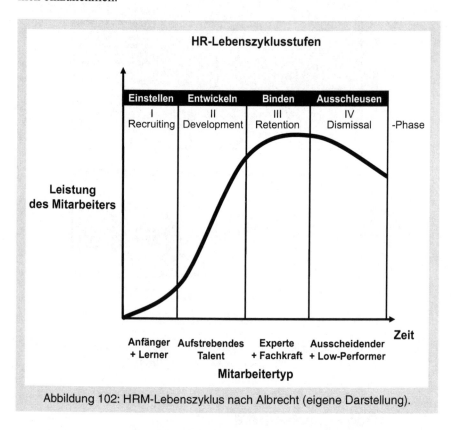

Abbildung 102: HRM-Lebenszyklus nach Albrecht (eigene Darstellung).

Der HRM-Lebenszyklus kann auf drei verschiedene Weisen interpretiert werden:

1. **Karrierebetrachtung**: Betrachtung des Mitarbeiters innerhalb einer Firma während seiner Karriere. Der Mitarbeiter wird eingestellt (Phase I), er wird trainiert und entwickelt (Phase II) , bis er sich vollkommen an die Organisation angepasst hat und Leistungen zeigen kann. Dann wird versucht, ihn so lange wie möglich auf der Position zu halten (Status Phase III), bis er schließlich für eine neue Position reif ist. Allerdings könnte der Mitarbeiter auch den Zyklus zu Ende gehen, bis er verrentet wird, die Firma wechselt oder entlassen wird (Status Phase IV). Dieser

Zyklus wird in der Regel mehrfach pro Firma durchlaufen und gilt jeweils für eine Firma oder auch mehrere. Vor 100 Jahren war mit diesem Zyklus meistens auch der Berufszyklus des Mitarbeiters in Deutschland identisch, da man meistens in der gleichen Firma sein ganzes Leben gearbeitet hatte. In Japan ist das heute noch weitgehend üblich, in angelsächsischen Ländern eher rar (hohe Fluktuation).

2. **Entwicklungsstatus**: Betrachtung mehrerer Mitarbeiter in der gleichen Job-Position nur in einem unterschiedlichen Entwicklungsstadium: d. h. im Team befinden sich Mitarbeiter, die sich im On-boarding[21] (Phase I) befinden, während es oft schon ein paar stärker entwickelte Fachkräfte gibt (Phase II). Andere sind schon zu Experten geworden (Phase III) und dann so gereift und erfahren, dass sie aus der jetzigen Job-Position aussteigen und in die nächst höhere einsteigen (Phase IV). Bei einer Momentaufnahme stehen also verschiedene Mitarbeiter in der gleichen oder vergleichbaren Position auf unterschiedlichen Entwicklungsstufen!

3. **Strategische Betrachtung**: Aus der Sicht der Firma werden alle Ressourcen hinsichtlich der Relevanz für das ganze Unternehmen untersucht. Hier überlegt man sich, was man tun muss, um Mitarbeiter zu rekrutieren (Phase I), sie zu entwickeln (Phase II), sie zu binden (Phase III) und sie schließlich entweder wieder „los zu werden" oder in der Karriere aufzubauen (Phase IV) (siehe Box *Up or Out*-Prinzip, siehe gezielte Fluktuation und Karrierepfade sowie Nachfolgeplanung).

4. **Entwicklungsstand der jeweiligen Industrie**: Betrachtet man Firmen mit dem Schwerpunkt in einem der Zyklusabschnitte, d. h. Firmen, die sich z. B. in der embryonalen Phase (siehe Abbildung 59) befinden, so werden sie sich auf das Rekrutieren mehr fokussieren als auf das Entlassen oder das Halten von Mitarbeitern (Phase I). Firmen, die sich in einem entwicklungs- oder wirtschaftsstarken Umfeld befinden, werden Fachkräfte aufbauen und weiterentwickeln. Bei konsolidierenden Wirtschafts- und Industrieräumen und bei insolvenzbedrohten Unternehmen werden jedoch Kostensenkungsprogramme und Optimierungen sowie Standardisierungen von Prozessen im Vordergrund stehen (Phase III). Bei bedrohten oder insolventen Unternehmen versucht man oft die letzten Ressourcen zu retten bzw. sich von vielen Mitarbeitern zu trennen (Phase IV).

---

21   Einarbeitungsphase des Mitarbeiters in einen neuen Arbeitsbereich.

Box 44: *Up or Out*-Prinzip

Ein in vielen angelsächsischen Firmen gebrauchtes Tool, das zwei Entwicklungsmöglichkeiten sieht: Entweder der Mitarbeiter zeigt ausreichend Leistung, um aufzusteigen, oder aber er muss die Firma (oder die Position) verlassen. Dadurch wird gewollt eine höhere Fluktuation erzeugt, um so Innovation und Leistung zu generieren. Kritiker meinen, dass erstens das Stressniveau dadurch aber künstlich hoch gehalten wird, zweitens eine wirkliche Mitarbeiterbindung an das Unternehmen schwierig wird und drittens eine Unternehmenskultur schwierig aufbaubar ist, weil sie permanenten starken Schwankungen unterworfen ist.

Fragen zum Thema:

• Warum spielt die HRM-Strategie eine wesentlich größere Rolle als früher?

• Nennen Sie jeweils alle Vor- und Nachteile der vier HRM-Internationalisierungsstrategien in Abbildung 101!

• Versuchen Sie den HRM-Lebenszyklus auf die BCG-Matrix zu übertragen: Wer ist „Question Mark", „Star", „Cash Cow" und „Dog"?

INTERNATIONAL LEADERSHIP

Unter Leadership im engeren Sinne (Mikro-Leadership) – in Abgrenzung zum weit gefassten Begriff von Führung sowie dem Gesamtorganisationsbezug der Unternehmensführung und -steuerung (Governance) – wird das Führen von Menschen im Business-Kontext verstanden. Das kann im dualen oder multiplen Dialog erfolgen, in Teams oder Organisationseinheiten und virtuell oder physisch in einem Raum.

> **Box 45: Mikro-Leadership (Leadership im engeren Sinne)**
>
> Mikro-Leadership (Leadership im engeren Sinne) ist das durch Interaktionen mit Menschen hervorgerufene überadditive Ergebnis, das durch Kommunikation, Motivation und Beeinflussung (keine Manipulation!) erfolgt.

Leadership ist nicht auf die hierarchische Beziehung Vorgesetzter – Untergebener beschränkt, es inkludiert alle Stakeholder (siehe Kapitel 2.9). Wichtig ist es, alle Stakeholder einzubeziehen und mit ihnen in einem steten Dialog zu stehen. Das erreicht man am besten in einem 360 Grad-Feedback (siehe Abbildung 103).

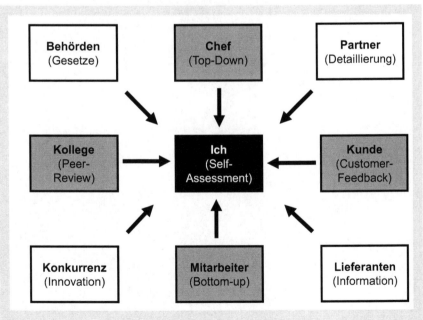

Abbildung 103: Das 360-Grad-Feedback.
Der Typ des Feedbacks bzw. die Art der Kommunikation steht „in Klammern"
(eigene Darstellung).

Box 46: 360-Grad-Feedback

Ein 360 Grad-Feedback ist die Kommunikation mittels Feedback-Schleife mit allen Stakeholdern verschiedener Ebenen: Vorgesetzter, Untergebener, Kollege, Boss, Chef vom Boss, Kunde, Lieferant, Kooperations-Partner usw.

12　Diversity Management

Unterschiedliche Handlungsweisen, Pflichtgefühl, direkte/indirekte Kommunikation, Zeitperzeption, Hierarchiedenken, Rolle von Geschlechtern, inter-gender relation, Werte (bezüglich Religion, Geld, Beruf, Karriere, Familie) und Motivation bestimmen unser Denken und äußeres Erscheinungsbild.

> **Box 47: Diversity Management**
> Diversity Management im Business-Kontext beschreibt das Beobachten, Verstehen und dementsprechende Handeln, basierend auf unterschiedliche Prägung durch Abstammung, Gesellschaft und eigenen Erfahrungen.

Im Beruf ist es entscheidend, gerade in kritischen Situationen, in denen Emotionen eine treibende Kraft spielen, abschätzen und verstehen zu können, warum der Kommunikationspartner sich so verhält, wie er sich verhält. Oft wird praktischerweise das Diversity Management mit interkulturellem Management gleichgesetzt. Würde man interkulturelles Management oder gar Diversity Management auf den Stereotypen *Nationalkultur* herunterbrechen, wäre das nicht nur falsch, sondern es könnte nicht nur zu Falschinterpretationen, sondern auch zu fatalen Missverständnissen führen (siehe Kapitel 12.1).

12.1　Kulturdiversität

Möchte man verstehen, warum die Interaktion im Business so komplex ist, muss man neben den **drei persönlichen Faktoren (intern)**

- Persönlichkeit(stypen),
- Geschlecht und
- Alter (Generationsbezug)

vor allem den Einfluss der **vier Kulturfaktoren (extern)**, nämlich die

- Nationalkultur,
- Businesskultur,
- Ausbildungskultur und
- Führungskultur

berücksichtigen.

Darum ist es bedeutsam, immer ALLE sieben Faktoren zu analysieren, um Verständnis für die Denk- und Handlungsweise von Personen zu erlangen (siehe Abbildung 104). Führungsexzellenz kann nur dort erfolgen, wo weitreichende Informationen über alle sieben Bereiche vorliegen. So kann beispielsweise das Rollenverständnis von Mann und Frau durch das Elternhaus ganz anders geprägt sein, als es innerhalb einer bestimmten Kultur als Bevölkerungsdurchschnitt gelebt wird.

In jüngster Zeit wurde gerade bei der Diskussion um Motivationsfaktoren, Work-Life-Balance und den internationalen Einsatz von Mitarbeitern klar, wie wichtig eine ganzheitliche Betrachtung ist.

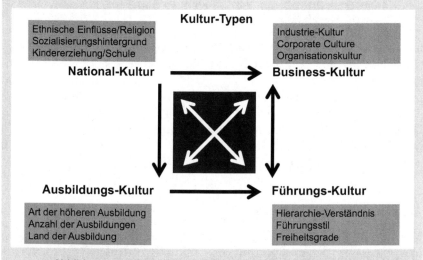

Abbildung 104: Die vier Kultur-Typen und deren Abhängigkeit.
Die eigene Persönlichkeit ist als dunkles Quadrat in der Mitte dargestellt. Manche sehen in der Persönlichkeit den Einfluss auf die anderen Kulturen, andere sehen die Persönlichkeit als Resultat davon! Dies ist eine rein sozio-philosophische Betrachtung (eigene Darstellung).

12.2   Fehlerkultur

Eine Fehlerkultur ist der kommunikative Umgang mit Fehlern innerhalb eines Unternehmens. In einer transparenten und offenen Fehlerkultur werden Fehler offen angesprochen und (mit dem Vorgesetzten) diskutiert und eine Lösung gesucht. Eine Bestrafung (wenn sie überhaupt erfolgt) steht nicht im Mittelpunkt, sondern die Fehlervermeidung und die Problemlösung. Wenn möglich wird – abgeleitet vom Optimierungsgedanken Kaizen aus der Produktion – schon vorher darauf geachtet, die Entstehung von möglichen Fehlern aufzudecken und sie zu umgehen, das sogenannte Poka Yoke – Prinzip (siehe auch Kapitel 15).

12.3   Stereotypisierung

Zum besseren Kulturverständnis wendet man eine Vereinfachung von Persönlichkeits- und Verhaltensmerkmalen, das Stereotypisieren an, um dadurch gewisse Vorhersagen bezüglich Bedeutung und Perzeption von internationalen Kollegen zu machen. Je besser man seinen internationalen Partner kennt, desto weniger gibt es „Reibungsverluste" in den Projekten.

> **Box 48: Stereotypisierung**
>
> Stereotypisierung ist die vereinfachte Betrachtung einer Person oder Personengruppe, Organisation und Gesellschaft, die durch Reduzierung auf markante Merkmale gut zu identifizieren ist. Daraus lassen sich Persönlichkeitsprofile oder Kulturmerkmale ableiten.

Menschen zeigen komplexe Verhaltensmuster. Auf Grund von physio-temporalen Abhängigkeiten, die sowohl die Emotionen als auch die mentale wie physische Leistung betreffen können, ist eine Einteilung/Klassifizierung schwierig und in der Regel unvollkommen. Auch wenn einfache Modelle und vermeintlich simplifizierte (psychometrische) Tests das Gegenteil beweisen wollen.

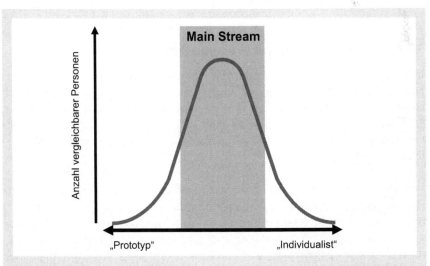

Abbildung 105: Stereotypisierung einer Anzahl Personen mit vergleichbaren Merkmalen, z. B. in demselben Land aufgewachsen (eigene Darstellung).

Box 49: Stereotyp – Prototyp – Individualist

Innerhalb einer Stereotypisierung gibt es den Durchschnittsrepräsentanten (Stereotyp) (Scheitelpunkt der Gaußverteilung in Abbildung 105) bzw. die beiden polaren Vertreter (Prototyp und Individualist) innerhalb einer Gaußschen Verteilungskurve.

Bei der Darstellung einer simplifizierten Kulturbetrachtung ist der **Stereotyp** der Mensch, der vom *Main Stream* abgeleitet werden kann. So legt zum Beispiel der stereotype „Durchschnitts-Deutsche" höchstwahrscheinlich viel Wert auf Pünktlichkeit als spezifische Zeitperzeption und kommuniziert sehr direkt.

Der **Prototyp** hingegen ist der mit allen Merkmalen kondensierte Typus Mensch, der vorwiegend durch externe Vorurteile bedient wird. Der prototypische Deutsche trägt demnach Lederhose oder Dirndl, trinkt gerne Bier, isst Schweinebraten mit Kartoffeln und Krautsalat, geht sonntags zur Kirche und ist eher groß und hat eine kräftige Körperstatur usw. Manche Autoren setzen das fälschlicherweise mit dem Stereotypen gleich.

Der **Individualist** innerhalb dieser stereotypisierenden Betrachtung ist genau das Gegenteil vom Prototyp. Er sieht anders aus und/oder verhält sich völlig anders, als man es vom Prototypen erwarten würde. Also in unserem Beispiel ein Deutscher, der Tracht absolut nicht mag, Wein trinkt, sich vegan ernährt, klein und schmalwüchsig ist usw.

12.4   Interkulturelles Management

In den Kapiteln 2.1.2 und 4.3 wurde eine Einführung in die verschiedenen Komponenten von Kultur gegeben. Im Umgang mit Personen aus anderen Kulturen ist es wichtig, nicht anhand von dem augenscheinlichen Rückschluss auf die gesamte Kultur oder gar Person zu schließen. Das Eisberg-Modell demonstriert sehr gut, warum man oft so wenig über andere Kulturen wissen (siehe Abbildung 106) kann.

Wichtig ist es vor allem, die Gemeinsamkeiten ausfindig zu machen. Sollte der Geschäftspartner aus einer Kultur stammen, die sehr gegensätzlich zu der eigenen ist, ist es unbedingt notwendig, darauf zu achten, dass keine Missverständnisse entstehen. Der erfahrene internationale Manager wird dem anderen kulturellen Partner entgegenkommen. Er sollte aber nicht dessen Kultur adaptieren. Eine Kopie der anderen Kultur wird nie gelingen und verschlimmert womöglich noch die Situation.

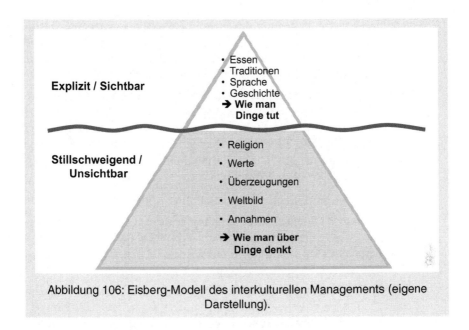

Explizit / Sichtbar

- Essen
- Traditionen
- Sprache
- Geschichte
→ **Wie man Dinge tut**

Stillschweigend / Unsichtbar

- Religion
- Werte
- Überzeugungen
- Weltbild
- Annahmen
→ **Wie man über Dinge denkt**

Abbildung 106: Eisberg-Modell des interkulturellen Managements (eigene Darstellung).

12.4.1   Die Kulturdimensionen von Hall

Eduard T. Hall, war ein amerikanischer Anthropologe und ist Mitbegründer der modernen interkulturellen Kommunikationsforschung. Im Nachfolgenden werden seine drei wichtigsten Kulturdimensionen vorgestellt und in Abbildung 107 zusammengefasst:

1. **Distanz: Proxemics/Abstands- und Raumverständnis (Hall, 1966)**

   Die räumliche Distanz zwischen zwei Personen variiert (im Durchschnitt) je nach Land. Wird der Abstand verletzt oder ein wesentlich weiterer Abstand gehalten, entsteht ein Unbehagen der Aufdringlichkeit bzw. der Kühle. So ist die Distanz zwischen Nordeuropäern weiter als zwischen Südeuropäern. Auch ist ein direkter (Körper)Kontakt in Asien nicht üblich und deshalb befremdlich. Deshalb schüttelt man sich in Asien nicht die Hände oder umarmt sich nicht während eines Business-Treffens.

2. **Kommunikation: *High Context* versus *Low Context* (Hall, 1976)**

   In der Kommunikation kann man *High Context* (indirektes) und *Low Context* (direktes) Sprachverhalten beobachten:

   Low Context-Kulturen sprechen **direkt**, also es werden weder viel Begleitinformationen gegeben noch mit „Subtext" (implizite Informationen) gesprochen. Oft ist die Information, auch Feedbacks, gerade heraus und ohne Umschweife auf den Punkt gebracht. Es gibt keine oder nur eine knappe Einleitung oder wenig persönlichen Beziehungsaufbau. Das Wort ist wichtiger als die Körpersprache. Typisch dafür sind alle Mittel- und Nordeuropäer, sowie Angelsachsen (UK, USA), gerade Deutsche sind für die direkte Sprache sehr bekannt.

High Context-Kulturen sprechen **indirekt**, also so, als ob die Informationen in einem Geschenk verpackt wären. Je kritischer die Informationen sind, desto mehr Verpackungsmaterial ist zu erwarten, um bei der Metapher zu bleiben. Persönliche Beziehungen spielen eine sehr große Rolle. Deshalb sind persönliche Treffen im Business mit *High Context*-Kulturen ausgesprochen wichtig und erfolgskritisch.

3. **Zeitperzeption: Monochron versus Polychron (Hall, 1983)**

Monochrone Kulturen arbeiten Arbeitsschritte sequenziell ab, ein Überspringen eines Arbeitsschrittes ist nicht akzeptabel und wirft die betroffene Person aus der Bahn. Die ordnungsgemäße Abarbeitung steht im Vordergrund und Flexibilität ist störend.

Polychrone Kulturen stemmen Parallelprojekte gleichzeitig und allozieren wie ein Computerprozessor verschiedene Kapazitäten auf Parallelprozesse. Für sie ist eine Reihenfolge eine Orientierung aber keine Anordnung. Sonst würde die Freiheit eingeschränkt werden. Priorität liegt in der Beziehungsebene, nicht in der Sachebene.

Wird die Erwartungshaltung zu gleichartiger Arbeitsweise nicht erfüllt, können die Abweichungen zu Irritationen oder Stress führen, da man die Methodik des anderen nicht versteht.

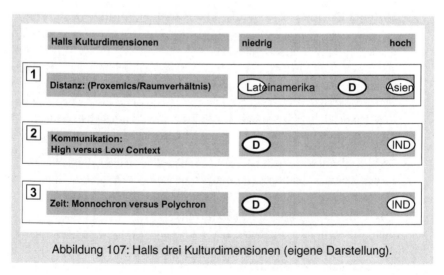

Abbildung 107: Halls drei Kulturdimensionen (eigene Darstellung).

12.4.2   Die drei Kulturdimensionen von Lewis

Der Kommunikationsforscher und -berater Richard D. Lewis hat, basierend auf E.T. Hall, die Kulturen anhand eigener Untersuchungen in drei Gruppen eingeteilt (siehe Abbildung 108: Lewis Kultur-Dreieck):

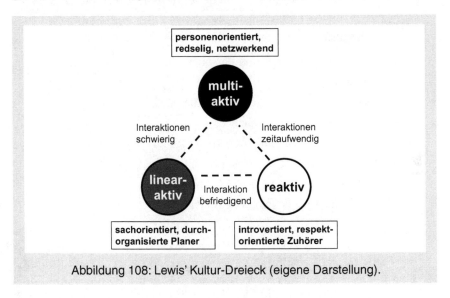

Abbildung 108: Lewis' Kultur-Dreieck (eigene Darstellung).

Im Einzelnen sind die Charakteristika für die drei Gruppen im Nachfolgenden detailliert:

1. **Linear-aktive** Personen. Das sind Personen, die
   - sachbezogen sind,
   - durchorganisiert sind,
   - linear, zielorientiert denken,
   - weitgehend kompromissbereit sind,
   - sequenziell Aufgaben abarbeiten,
   - gerne diskutieren,
   - ausgewogen sprechen und zuhören,
   - Dinge direkt ansprechen und
   - Emotionen gegenüber der Sachlage zurückstellen.

2. **Multi-aktive** Personen. Das sind Personen, die
   - personenorientiert sind,
   - beziehungsorientiert sind,

- gut netzwerken können,
- parallel an verschiedenen Dingen gleichzeitig arbeiten,
- gleichzeitig reden und zuhören (können),
- redselig sind und Sprech-Pausen als unliebsam empfinden,
- Dinge indirekt ansprechen und
- Emotionen gerne zeigen, auch in Geschäftssituationen.

3. **Reaktive** Personen: Das sind Personen, die
   - eher passiv erscheinen,
   - zuhören und dann erst darauf reagieren,
   - große Sprech-Pausen machen,
   - Zeit brauchen, um auf einen Vorschlag zu reagieren,
   - kleine Redeanteile in Konversationen haben,
   - Diskussionen meiden,
   - Konfrontation aus dem Weg gehen.

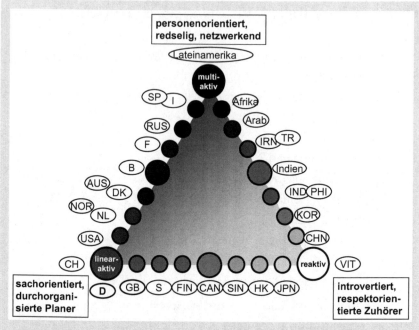

Abbildung 109: Lewis' Kulturdreieck mit Länderzuordnung (eigene Darstellung).

Trägt man alle Nationen der Welt auf, kommt man zu einer gleichmäßigen Verteilung zwischen allen drei Ecken des gleichschenkeligen Dreiecks (siehe Abbildung 109).

Daraus lassen sich Kommunikations- und Verhaltensregeln ableiten. Liegen die Nationen näher beieinander, so wird es weniger Kommunikationsprobleme geben.

12.4.3   Die sechs Kulturdimensionen von Hofstede

Einer der Pioniere des interkulturellen Managements ist Geert Hofstede, der in den 1960er Jahren in der Firma IBM eine groß angelegte Studie in allen Tochtergesellschaften durchführte. Dabei konnte er aus allen Daten vier (später sechs) Kulturdimensionen ableiten (Hofstede, 1991). Auch wenn Kritiker zu Recht behaupten, dass die Studie große Schwachstellen aufweist[22], ist es sein Verdienst, generell diese Dimensionen aufgestellt und einen globalen Ansatz verfolgt zu haben.

Im Nachfolgenden werden alle sechs Kulturdimensionen im Einzelnen besprochen und die „extremen" Vertreter sowie Deutschland als Orientierung genannt und grafisch dargestellt (siehe Abbildung 110).

1. **Machtdistanz** (Power Distance Index – PDI)

   Eine große Machtdistanz (großer PDI) steht für eine starke Polarisierung und große Hierarchieunterschiede innerhalb des Unternehmens, die von allen Untergebenen auch akzeptiert werden (Malaysia: PDI = 100, Philippinen: PDI = 94). Ein kleiner PDI-Index kennzeichnet eher, dass die Machtverhältnisse sehr ausgeglichen sind (Österreich: PDI = 11), Deutschland zum Vergleich hat den Wert 35.

---

22   Hauptkritikpunkte richten sich gegen die statistische Absicherung gerade von kleineren Ländern oder Ländern, die im Umbruch waren. Ebenso ist statistisch gesehen die Frauenquote im Managerbereich bei IBM weltweit wesentlich niedriger als der Durchschnitt, was an mehr männlichen Repräsentanten in der IT-Industrie in den 60ern lag. Als dritter Kritikpunkt sei darauf hingewiesen, dass alle Tochtergesellschaften typischerweise von der Business-Kultur eher dem amerikanischen HQ folgten, so dass sicherlich ein Bias nicht auszuschließen ist (Das Bias ist eine durch bewusste oder unbewusste Manipulation und gerichtete Interpretation von Daten, die die Ergebnisse verfälschen. Oft geschieht das durch Voreingenommenheit, Zielfixierung und monokausalem Wunschdenken.). Viertens muss davon ausgegangen werden, dass die Business-Kultur jedes Landes nicht notwendigerweise repräsentativ für die Gesamtkultur des Landes ist. Vielmehr zeigt sich, dass Geschäftsleute meistens eher dazu neigen, individualistisch als prototypisch zu sein.

2. **Individualismus versus Kollektivismus** (Individualism versus Collectivism – IDV)

Individualismus herrscht in den Kulturen, in denen das individualistische Leben und Denken gefördert wird, um alles machen zu können, was der Einzelne möchte (USA: IDV = 91). Kollektivismus bezeichnet das Harmonisierungsbestreben. Das „Wir-Denken und -Handeln" ist wichtig und drückt sich bei vielen südamerikanischen Ländern in kleiner IDV-Nummer aus (Venezuela: IDV =12).

Deutschland zum Vergleich hat den Wert 67.

3. **Maskulinität versus Femininität** (Masculinity versus Femininity – MAS)

Ein hoher Wert zeugt von einem hohen Maskulinitätsindex und zeigt eine hohe Fakten- und Formalismusorientierung (Japan: MAS = 95) an, während ein kleiner Maskulinitätsindex (hoher Femininity-Index) für die Fokussierung eher auf persönliche Beziehung Wert legt als auf Wettbewerb und eher Kooperation fördert als auf sich selbst fokussiert zu sein (Schweden: MAS = 5).

Deutschland zum Vergleich hat den Wert 66.

4. **Ungewissheitsvermeidung** (Uncertainty Avoidance Index – UAI)

Ein Absicherungsverlangen und eine kleine Risikobereitschaft zeigt sich bei vielen europäischen Staaten (Griechenland: UAI = 112), die durch Regularien und Sicherheitsvorschriften alles absichern, während andere Staaten weniger kritisch gegenüber der Zukunft sind (Dänemark: UAI = 23, Singapur: UAI = 8).

Deutschland zum Vergleich hat den Wert 65.

Zu den originären vier Dimensionen kamen später eine weitere fünfte und sechste Dimension hinzu:

5. **Langfristige Ausrichtung** (Long-Term Orientation – LTO)

Diese Dimension beschreibt, inwieweit eine Kultur perspektivisch in die Zukunft denkt (Japan: LTO = 88, Südkorea: LTO = 100) oder nur auf das „hier und heute" fixiert ist (Westafrika: LTO = 9).

Werte von Mitgliedern einer Organisation, die langfristig ausgerichtet sind, sind eher Sparsamkeit und Beharrlichkeit; hingegen sind die Werte von Mitgliedern einer Organisation, die kurzfristig orientiert sind, eher Flexibilität und Egoismus.

Deutschland zum Vergleich hat den Wert 83.

6. **Genuss versus Zurückhaltung** (Indulgence versus Restraint – IND)

In dieser Dimension wird gespiegelt, ob es in ihr erlaubt ist, offen Freude zu zeigen (Mexiko: IND = 97) und das Leben in vollen Zügen zu genießen. In einer Gesellschaft, in der Zurückhaltung eine besondere Rolle spielt, überwiegt die strikte gesellschaftliche Norm sich zurückzuhalten (Pakistan: IND = 0).

Deutschland zum Vergleich hat den Wert 40.

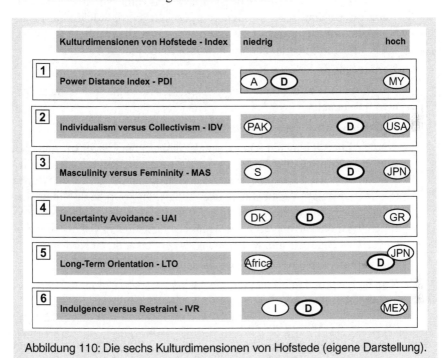

Abbildung 110: Die sechs Kulturdimensionen von Hofstede (eigene Darstellung).

12.4.4   Die sieben Kulturdimensionen von Trompenaars und Hampden-Turner

Die zwei Kultur-Forscher Alfons Trompenaars und Charles Hampden-Turner entwickelten die Ideen von Hall und Hofstede weiter (siehe Kapitel 12.4.1 bzw. 12.4.3) (Trompenaars und Hampden-Turner, 2004). Daraus entstand eine Einteilung der Kulturen in sieben Dimensionen (siehe Abbildung 111).

1. **Universalismus versus Partikularismus**:

Diese Dimension beschreibt, wie stark die Personen sach- oder beziehungsorientiert sind: Wie stark werden Regeln, Normen, Formen im Gegensatz zu persönlichen Beziehungen gewertet?

Universalismus mit dem Fokus auf Sachorientierung, Regeln und Normen findet man eher in Deutschland, USA, Kanada, Großbritannien und Australien. **Partikularismus** findet man meist in Venezuela, Japan, Südkorea, China und der ehemaligen Sowjetunion. In diesen Kulturen sind persönlich Beziehungen sehr wichtig.

2. **Neutralität versus Emotionalität**:

   Wie stark unterdrücken Personen ihre Gefühle und schränken sich ein? Auch gesellschaftliche Normen und geschäftliche Zurückhaltung zählen hierzu. Im Gegensatz dazu gibt es Personen, die (auch im Business) durchaus Emotionalität zeigen, sowohl Freude als auch Ärger.

   Neutralität findet man meist in Japan und Großbritannien.

   Emotionalität findet man eher in Mexiko, Niederlanden, Italien, Spanien und Israel.

3. **Individualismus versus Kollektivismus**:

   Werden Entscheidungen spontan und flexibel vom Einzelnen getragen (Individualismus), oder bedarf es der Zustimmung anderer oder zumindestens einer Art Harmonisierungsabstimmung mit der gesamten Gruppe (Kollektivismus)? Versucht man eher alleine Dinge voranzutreiben oder braucht man den Rückhalt der Gruppe? Werden Herausstellungen von Personen (positive wie negative) ausgeübt oder scheut man sich meist davor wegen Gesichtsverlust bzw. Peinlichkeit vor den anderen Kollegen.

   Individualismus findet man eher in den USA.

   Kollektivismus findet man eher in Mexiko, Japan, China und der ehemaligen Sowjetunion.

4. **Spezifität versus Diffusität**:

   Diese Dimension beschreibt die Teilnahme am öffentlichen Leben und die Involvierung von privaten Dingen in den Business-Alltag. **Spezifität** meint hier, dass das private Leben streng vom öffentlichen Leben getrennt ist, während **Diffusität** keine klare Abgrenzung zulässt, da das Geschäftsleben Teil des Privatlebens ist. Konsequenterweise sieht man, wie stark private Komponenten in das Businessleben integriert werden oder nicht.

   Spezifität findet man eher in Deutschland und der Schweiz.

   Diffusität findet man eher in den USA und in Indien.

5. **Leistung versus Herkunft**:

   Personenkreise, die sich und andere eher daran messen, was sie selbst (in der letzten unmittelbaren Zeit) erreicht haben und prospektiv vorha-

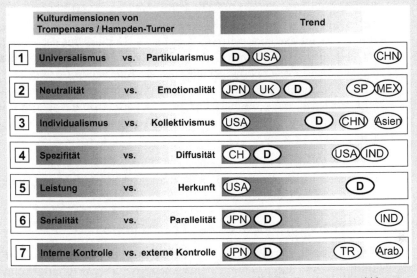

Kulturdimensionen von Trompenaars / Hampden-Turner	Trend
1	Universalismus vs. Partikularismus (D)(USA) (CHN)
2	Neutralität vs. Emotionalität (JPN)(UK)(D) (SP)(MEX)
3	Individualismus vs. Kollektivismus (USA) (D)(CHN)(Asien)
4	Spezifität vs. Diffusität (CH)(D) (USA)(IND)
5	Leistung vs. Herkunft (USA) (D)
6	Serialität vs. Parallelität (JPN)(D) (IND)
7	Interne Kontrolle vs. externe Kontrolle (JPN)(D) (TR) (Arab)

Abbildung 111: Die sieben Kulturdimensionen von Trompenaars und Hampden-Turner (eigene Darstellung).

ben, also sich nicht auf ihren „Lorbeeren ausruhen", sind **leistungsorientiert**. Im Gegensatz dazu sind Personen **herkunftsorientiert**, die einen retrospektiven Blick auf Tradition und historische Leistungen haben und das „von anderen mitbekommene (geerbte!) Gut" wertschätzen. Das kann sich nicht nur auf sich selber, sondern auch auf die Familie, Generation und das Land beziehen.

Leistungsorientierung findet man eher in angelsächsischen Ländern, Schweiz und Israel.

Herkunftsorientierung findet man eher in südamerikanischen Ländern, Indonesien und China.

6. **Serialität versus Parallelität**:

Das ist die Dimension, die sich mit der Zeitperzeption einer Kultur auseinandersetzt, ob sie eher sequenziell oder parallel plant und Aufgaben abarbeitet. Dabei entspricht die **Serialität** und **Parallelität** dem monochronen bzw. polychronen Zeitempfinden, das von E.T. Hall 1983 beschrieben wurde (siehe Kapitel 12.4.1).

Serialität findet man eher in Deutschland, angelsächsischen Ländern und der Schweiz.

Parallelität findet man eher in Indien, Asien, afrikanischen und lateinamerikanischen Ländern.

7. **Interne Kontrolle versus externe Kontrolle**:

Diese Dimension beschreibt die Einstellung zur Umwelt, gemeint ist hier die Umgebung. Nehmen wir also eher keinen Einfluss auf das Umfeld und sind selbstreflektiv (interne Kontrolle) oder stehen wir in einem permanenten Austausch und fühlen uns auch als Teil von ihr (externe Kontrolle)? Für das Geschäftsleben heißt das, dass Kulturen, die externe Kontrolle vorziehen, immer bestrebt sind, mit den Partnern und Kollegen eine Übereinstimmung zu erlangen und denen Harmonie aber auch Flexibilität wichtig ist.

Interne Kontrolle findet man eher in Japan und Deutschland.

Externe Kontrolle findet man meist in arabischen Ländern und lateinamerikanischen Ländern.

12.4.5　Die neun Kulturdimensionen der GLOBE-Studie

In der GLOBE-Studie wurden die Kulturdimensionen von Hofstede größtenteils übernommen und durch weitere Kulturdimensionen ergänzt (House et al, 2004). In dieser Studie wurden 17.000 Manager in 62 Ländern befragt. Die neun Dimensionen sind analog zu den sechs Kulturdimensionen von Hofstede und den sieben Kulturdimensionen nach Trompenaars untersucht worden.

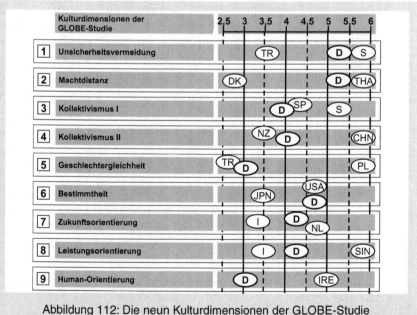

Abbildung 112: Die neun Kulturdimensionen der GLOBE-Studie
(eigene Darstellung).

Die ersten vier Kulturdimensionen entsprechen Hofstedes Kulturdimensionen mit einer leichten Detaillierung (**Kollektivismus I und II**). Die Dimension **Geschlechtergleichheit** zeigt die Gleich- bzw. ungleiche Stellung der Frau in der Gesellschaft und im Berufsleben.

Die Dimension „**Bestimmtheit**" setzt sich mit der Zeitkomponente und Flexibilität von Personen auseinander.

Die **Zukunftsorientierung** ist ähnlich der Kulturdimension Langzeitorientierung von Hofstede.

Schließlich kann man die **Leistungsorientierung** und **Humanorientierung** mit Trompenaars/Hampden-Turners Leistung versus Herkunft bzw. Universalismus versus Partikularismus vergleichen.

In Abbildung 112 werden die neun Dimensionen mit Länderbeispielen grafisch dargestellt.

12.5   Internationale Kommunikation

12.5.1   Internationale Business-Meetings

Business-Meetings sind ein Kernstück für

- die Führung von Mitarbeitern,
- das Leiten von Projekten,
- die Schaffung eines gemeinsamen Verständnisses,
- den Informationsaustausch,
- die Stärkung des Vertrauensaufbaus,
- den Teamaufbau und
- die Generierung von Ideen (Thinktank).

Business-Meetings dienen nicht nur dem Informationsaustausch, sondern führen durch Regelmäßigkeit und Beteiligung verschiedener Parteien zur Diskussion und Kommunikationsmöglichkeit. Dadurch wird ein Vertrauensaufbau begünstigt und Missverständnisse eher ausgeräumt. Die Überprüfung des Projektstatus oder -fortgangs im Sinne eines Ansporns und die Hilfestellung wie bei der Scrum-Methodik (siehe Kapitel 14.4.2) erfolgt durch oftmals täglichen Austausch.

Allerdings werden Business-Meetings viel zu oft in ihrer Bedeutung unterschätzt, ineffizient geführt und ineffektiv gestaltet, so dass der Schaden (Kosten und Zeitverschwendung) oft größer ist als der tatsächliche Mehrwert (Informationsaustausch oder Mehrwertgenerierung).

Zentrales Steuerungs-Werkzeug ist bei Business-Meetings ein Dokument, das für jeden sichtbar ist bzw. auf das jeder Zugriff hat. Klassischerweise ist das ein Kanban (看板, japanisch = Tafel, [Register]karte, Übersicht), also eine Tabelle (das kann in einem Text-, Tabellen- oder Grafikverarbeitungsprogramm erfolgen), in der der Status reflektiert wird, was wer (bis) wann zu tun hat, was schon erledigt wurde, was noch offen ist und aus welchen Gründen es möglicherweise kritisch ist.

Die Vorteile solch eines Dokuments sind, dass

- jeder jederzeit Zugriff auf den Status haben kann,
- die Aufgaben klar definiert wurden,
- kritische Themen transparent angesprochen werden,
- die Rolle von jedem reflektiert wird,
- die Aufgaben- und Zeitverantwortlichkeit klar zugewiesen wurde und
- alle Schritte des Projekts dokumentiert werden.
- man nach einem Projekt retrospektiv die kritischen Erfolgsfaktoren (CSF) und Bottlenecks ermitteln kann, so dass ein Lessons Learnt nicht erst mühsam durch Rekapitulation erfolgen muss!

12.5.2   Internationale Etikette

Zum guten Umgang im internationalen Business gehört auch das Verständnis für andere Kulturen und deren Respekt. Sicherlich ist es unmöglich, alle Verhaltensregeln zu kennen und zu beachten, doch gibt es ein paar Standards, die jeder internationale Manager wissen muss: Die klassischen „Fettnäpfchen" die zum Teil sogar zum Verhandlungsscheitern, zu Projektabbrüchen oder juristischen Nachspielen führen können.

Im Nachfolgenden sind anhand der wichtigsten Gegebenheiten im Business-Alltag Regeln und Verhaltensweisen aufgezeigt. Wenn Sie darüber hinaus noch spezifischer in die Landeskultur eindringen, wie beispielsweise beim Besuch von Kulturstätten (spezifische Restaurants, Heiligtümer) und Privatwohnungen/ -häuser, empfiehlt es sich, vorher Rat bei einer Vertrauensperson aus dem Land oder aus der eigenen Firma von erfahrenen internationalen Managern Verhaltensregeln einzuholen!

12.5.2.1 Begrüßungszeremonie

Körpersprache bei der Begrüßung

Verneigungen bis hin zu Verbeugungen sind in vielen Kulturen eine Ehrerweisung: gerade in asiatischen Kulturen ist der Körperkontakt wie Händeschütteln, umarmen oder Küssen nur dem engsten Familienkreis gestattet. Schon innerhalb von Europa ist ein Nord-Süd- und West-Ost-Gefälle hinsichtlich Umarmungen und Wangenküssen privat-fremd oder Frau-Mann oder Mann-Mann in der Gesellschaft zu beobachten.

Besonders in arabischen bis asiatischen Ländern ist der Gebrauch der linken Hand (als Toilettenunterstützung) bei Begrüßungen (und Essen) und Übergabe von Dingen als unreine Hand nicht erlaubt (für Linkshänder ist das eine besondere Herausforderung!).

Augenkontakt oder gar Gespräche mit dem Partner des Gastgebers ist gerade in arabischen, afrikanischen und zum Teil asiatischen (islamisch geprägten) Kulturen auf jeden Fall zu vermeiden, da dies als zweideutige Aufforderung aufgefasst werden kann.

Visitenkartenaustausch

Den Visitenkarten werden in vielen Kulturen gerade in Asien und da besonders in Japan eine sehr große Bedeutung zugemessen. Es ist wichtig, dass sie

- aus einem hochwertigen Etui genommen werden (nicht verknickt oder verschmutzt!),
- das Etui sich an einem angemessenen Ort (Brusttasche des Jacketts) befindet (nicht aus der Gesäßtasche),
- mit beiden Händen, ohne Logo oder Namen zu verdecken, übergeben werden (keinesfalls wie beim Kartenspiel auf den Tisch werfen),
- mit der Schrift lesbar für den Empfänger sind, auch wenn die Schriftzeichen für den anderen nicht verständlich sind (umgedrehte Karten hindern den anderen beim potenziellen Lesen),
- man durch Lesen und Nachfragen den Gegenüber wertschätzt (ein sofortiges Wegstecken wäre ein Affront!).

12.5.2.2 Small-Talk

Small-Talk als Eisbrecher ist günstig, doch sollten in verschiedenen Kulturen auf *No Go*-Themen geachtet werden: So ist es in angelsächsischen und den meisten europäischen Ländern nicht üblich, über Religion oder Politik zu reden. Kritik an Monarchen oder (am amerikanischen!) Präsidenten ist auf jeden Fall zu vermeiden, auch im Business-Kontext. Amerikaner lieben es, über Geld oder Gehälter zu reden, in Deutschland ist das eins der behütetsten Geheimnisse.

12.5.2.3 Geschenkübergabe

Geschenke werden von gleicher Hierarchie-Ebene zu gleicher weitergegeben. Darauf zu achten ist, mit welcher Hand das Geschenk überreicht wird, da zum Beispiel die linke Hand in vielen Ländern als unrein gilt.

Analog zum Augenkontakt- und Gesprächsverbot (siehe oben) erfolgt in vielen Ländern die Geschenkübergabe für den Partner des Gastgebers über den Gastgeber, der es dann weiterreicht. Niemals wird es direkt an den andersgeschlechtlichen Partner des Businesspartners überreicht, da es als anzüglich gelten würde.

12.5.2.4 Präsentationen

Der Präsentierende bei Vorstellungen von Ergebnissen/Präsentationen sollte vorher sorgfältig ausgewählt werden. In westlichen Kulturen präsentiert der Ranghöchste, in anderen Kulturen, z. B. Japan, Asien, Naher Osten der Rangniedrigere. In sachorientierten (oft Low-Context-Kulturen, z. B. Deutschland) präsentiert meistens der Fachexperte.

12.5.2.5 Sitzordnung

In westlichen Kulturen sitzt oder saß der Patriarch (Vater) immer am Tischende oder aber wie in anderen Kulturen tischmittig, die höchsten Ränge und Gäste um ihn herum. Nach Feng-Shui (siehe Kapitel 15) sollte der Blick zur Eingangstür ausgerichtet sein und der Raum so geschützt sein, dass durch keine weiteren Türen oder Fenster Gefahren kommen könnten.

Tatsächlich wird in manchen (indischen, asiatischen und arabischen) Ländern, aber auch in der westlichen Welt sehr darauf geachtet, dass keine zu großen Hierarchieunterschiede am Tisch entstehen. Auch Personen verschiedener Standesunterschiede (in Indien das abgeschaffte aber gelebte Kastenwesen) können zum Teil nicht am gleichen Tisch sitzen (aus beider Seiten Sicht!).

Fragen zum Thema:
- Welche verschiedenen Kulturtypen gibt es und wie stark beeinflussen sie das internationale Management?
- Was halten Sie für die größte Ursache interkultureller Missverständnisse?
- Was ist der Nutzen, was die Gefahr von Stereotypisierungen hinsichtlich nationaler Kulturen?

13 International Leadership

Von einer internationalen Führungskraft wird nicht nur ein operationelles Leiten von Mitarbeitern und Organisationseinheiten erwartet, sondern auch ein internationales Verstehen und Handeln als zwingend erforderlich angesehen. Der Führungsstil hängt dabei von vielen Faktoren ab (siehe Abbildung 113).

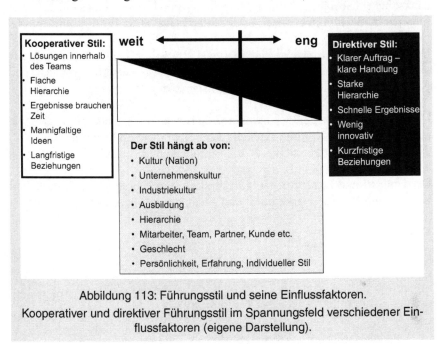

Abbildung 113: Führungsstil und seine Einflussfaktoren.
Kooperativer und direktiver Führungsstil im Spannungsfeld verschiedener Einflussfaktoren (eigene Darstellung).

13.1 Eigenschaften einer internationalen Führungskraft

Grossmann (2007) hat sechs Kernkompetenzbereiche eines internationalen Managers identifiziert, aus der er sechs Leadership-Rollen ableitet (siehe Abbildung 114):

Der **Credible Activist**, der Netzwerke aufbaut, Informationen teilt und sie weitergibt. Dabei sind vertrauensaufbauende Maßnahmen gerade vor dem interkulturellen Hintergrund entscheidend!

Der **Culture Steward,** der dafür sorgt, dass sowohl die Business-Kultur aufgebaut und gelebt wird als auch die verschiedenen Kulturen integriert und geführt werden. Er ist der Brückenbauer bei Missverständnissen und muss sehr gut kommunizieren können.

Der **Talent Manager & Organizational Designer,** der in einer internationalen Organisation die verschiedenen Stärken (und Schwächen) seiner Mitarbeiter erkennen muss und die Talente entsprechend identifiziert und fördert. Außerdem sollte er dabei je nach kulturellem Hintergrund neue Organisationsformen schaffen, z. B. „working from home" (Telearbeitsplatz).

Der **Strategic Architect**, der international strategisch denkt, Trends erkennt und die Personal-Ressourcen bewusst international einsetzt, rotieren lässt und vor In- und Expatriierungen nicht zurückschreckt.

Der **Business Allies**, der das internationale Business verstehen muss, also wie in dem POM- bzw. Uppsala- Modell (siehe Abbildung 86 bzw. Abbildung 98) dargelegt, das Produkt und den Markt sehr gut kennen muss.

Der **Operational Executor**, der als internationale Führungskraft Mitarbeiter, Kunden und Partner interkulturell und situativ (sieh nächstes Kapitel) führen muss.

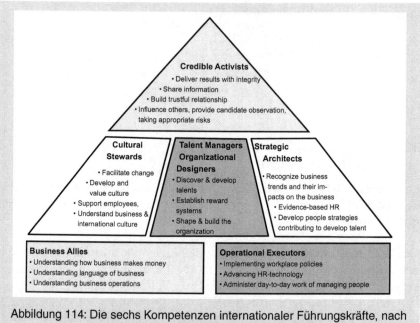

Abbildung 114: Die sechs Kompetenzen internationaler Führungskräfte, nach Grossmann et al. (2007) (eigene Darstellung).

13.2   Situatives Führen

Da der Führungsstil von so vielen Parametern abhängt (siehe Abbildung 113), ist es zwingend erforderlich, dass die Führungskraft situativ führt. Jedoch spielen dabei nicht nur interkulturelle Unterschiede eine Rolle. Besonders wichtig ist der Einzelentwicklungsstatus des Mitarbeiters. Je höher dieser ist, desto mehr kann der Mitarbeiter selbstständig agieren und ist nicht mehr auf die direkte Betreuung seines Vorgesetzten angewiesen. Diese Stufe („delegieren") wird immer angestrebt, da sie für den nächst höheren Aufgabenbereich vorbereitet, der in einem neuen Zyklus bei („unterweisen") wieder startet (siehe Abbildung 115).

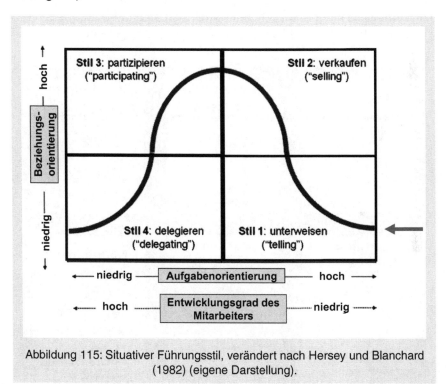

Abbildung 115: Situativer Führungsstil, verändert nach Hersey und Blanchard (1982) (eigene Darstellung).

13.3   Internationale Führungsstile

Jede Kultur, in der man aufwächst und lebt, prägt das Verhalten. Kulturen, die einem durch das Elternhaus, die Schule und Ausbildung sowie von der Gesellschaft vermittelt werden, finden sich also tatsächlich nicht nur im eigenen Verhalten, Glauben, in der Moralvorstellung usw., sondern auch in der Führungskultur. Stark ausgeprägt findet man landestypische Führungsstile in Unternehmen, die traditionsreich sind und innerhalb eines Landes gegründet wurden, dort ansässig sind und von dort aus operierende Head Quarters (HQ) haben. Typischerweise haben große diversifizierte Organisationen nach dem Autor Handy (1976) eine Rollen-Kultur, um durch den Führungsstil die komplexe und aus vielen Mitarbeitern bestehende Organisation steuern zu können. Das heißt in Organisationen, bei denen Hierarchie und Machtverhältnisse eine Rolle zwischen mehreren Ebenen spielen, wird man eine stärkere Ausprägung von nationalem Führungsstil vorfinden. In kleinen Unternehmen und Familienbetrieben oder bei Start-ups ist solch ein Führungsverhalten nicht ausgeprägt zu erkennen.

Die wichtigsten und extremen Führungsstile sind nach der Darstellungsweise von Lewis (1996) in Abbildung 116 „stereotypisiert" dargestellt.

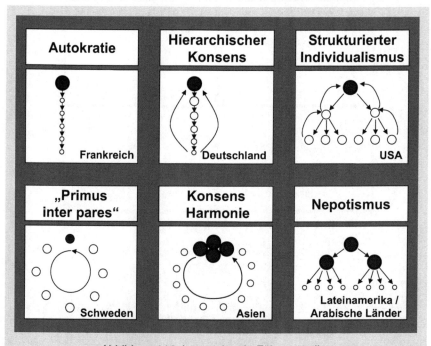

Abbildung 116: Internationale Führungsstile.
Schematische Darstellung der wichtigsten Führungsstile nach Lewis (1996)
(eigene Darstellung).

Deutlich ist zu erkennen, dass in **Frankreich** ein sehr stark autokratischer Führungsstil vorherrscht, die dem Chef flexibel, aber unbedingte Entscheidungsfreiheit einräumt: „Louis XIV- Führungsstil"[23].

Der typisch **deutsche Führungsstil** ist ein klar hierarchischer Führungsstil, indem aber durchaus Input von Experten unterer Hierarchieebenen geduldet oder erwünscht ist: Hierarchischer Konsens wurde sicherlich durch die Bedeutung des Militärs der letzten Jahrhunderte geprägt.

Die **USA** hat einen streng hierarchischen Führungsstil, obwohl es oft so aussieht, als sei kaum oder keine Hierarchie vorhanden und das Partnerschaftliche und der Individualismus betont werden würde. Das ist auch grundsätzlich so, aber bei Entscheidungen und bei repräsentativen Darstellungen wird die Hierarchiestufe jeweils stark hervorgehoben. Da die Zielerreichung und Chancennutzung („to make money") wichtig ist, wird diese gefördert; es ist dabei unwichtig, wer aus welcher Hierarchiestufe dazu beiträgt (offener Dialog).

Schweden und andere **skandinavische Länder** (außer Finnland) folgen einer tatsächlichen flachen Hierarchie. Hier ist jeder unabhängig von seiner Position als gleich angesehen: Sowohl in der Außenwahrnehmung als auch im Dialog, der harmoniebedingt diskussionsfreudig ist. Nur bei offiziellen Verlautbarungen oder Entscheidungen, bei denen kein Konsens gefunden wird, tritt ein Vertreter der Organisation/Gruppe repräsentativ hervor: Primus inter pares (= Erster unter Gleichen).

In **Asien** wird zwar von dem hierarchisch am höchsten Stehenden die Verantwortung übernommen und die letzte Entscheidung getroffen. Das sind immer die Ältesten, da sie meistens auch die längste (Lebens-)Erfahrung haben. Jedoch ist der Konsens der Gruppe sehr wichtig, so dass in Harmonisierungsrunden jeder involviert werden muss.

In **arabischen und lateinamerikanischen Ländern** (ansatzweise auch in **süd- und südosteuropäischen Ländern**) herrscht der sogenannte Nepotismus[24] vor. Das ist ein klar hierarchischer Führungsstil, wobei entscheidend ist, dass nur die obersten Hierarchieebenen die wichtigen Entscheidungen treffen und das Geschäft führen. Diese stehen meistens auch in verwandtschaftlicher Bezie-

---

23   Ludwig XIV. von Frankreich, auch „Sonnenkönig" bezeichnet, war ein König, der die Insignien und den Status seiner Macht deutlich machte und alle Entscheidungsgewalt innehatte.

24   Vetternwirtschaft, vom Lateinischen „nepos", der Neffe.

hung zueinander, um so das hundertprozentige Commitment und die Bindung der Geschäftspartner für bzw. an das Unternehmen zu garantieren. Die restlichen Mitarbeiter sind eher die Ausführenden, um die aber – wie um die Kinder in einer Familie – gesorgt wird.

Fragen zum Thema:

- Nennen Sie drei Führungseigenschaften, die Sie als besonders wichtig für ein erfolgreiches Leadership sehen?

- Was können die Gründe sein, dass ein Mitarbeiter, der nach Hersey-Blanchard (siehe Abbildung 115) im Stil 4 („delegieren") langjährig geführt wurde, plötzlich im Stil 1 („unterweisen") geführt werden muss?

- Was hat der (oft vorherrschende) Führungsstil einzelner Kulturräume für Konsequenzen für das Führen von Mitarbeitern und Kunden (CRM)?

14   Internationale Teams

Jeder, der im internationalen Projektmanagement arbeitet, hat die Erfahrung gemacht: Es ist spannend und interessant, ja sogar synergistisch, in multidiversen Teams zu arbeiten. Aber es ist auch die Konstellation, in der man den meisten Missverständnissen durch Fehlinterpretationen begegnet oder sich leicht „in Fetttröge" begibt (siehe Abbildung 117)!

Abbildung 117: Internationale Teams.
Scheitern von heterogenen und internationalen Teams wegen zu geringer Betreuung und schlechter Kommunikation (eigene Darstellung).

Jeder Manager, jeder Leader wird in seinem Projekt höchste Diversität vorfinden. Neben den verschiedenen Leistungsniveaus innerhalb einer Arbeitsgruppe müssen nicht nur verschiedene Generationen[25] betreut werden, sondern auch unterschiedliche Kulturen berücksichtigt werden (Lewis, 2012). In erster Linie wird bei internationalen Projekten und international ausgerichteten Produkt- und Dienstleistungsangeboten die personensozialisierte Kultur im Vordergrund stehen.

---

25   Basierend auf der demographischen Entwicklung in Deutschland kann man, konservativ geschätzt, davon ausgehen, dass im Jahr 2020 in jedem Team (würde man standardisiert 10er Teams bilden) 20% über 50 Jahre alt sind. Die Führung und Zusammenarbeit der Generationen X, Y und Z muss angepasst bzw. situativ berücksichtigt werden (Albrecht, 2014).

Heterogene Teams sind oft leistungsstärker, vorausgesetzt sie werden gut geführt! Es ist meistens nicht die Sprachbarriere, die die größten Probleme verursacht: „Global English" (siehe Textbox) ist die neue Art, wie man erfolgreich kommuniziert. Möglicherweise wird das eines Tages durch Kunstsprachen (z. B. Esperanto) ersetzt.

Box 50: Global English

„Global English" ist eine Sprachkonvention und Plattform im Business, auf der sich in Englisch verständigt wird, die mit einem geringen Wortschatz (ca. 4.000 Worte plus Fachtermini) auskommt. Die Sprache sollte simpel und ein von allen Schnörkeln befreites Englisch sein. Damit tun sich gerade Native Speaker schwer. Global English ist aber vor dem Hintergrund virtueller Kommunikation und Teamführung unerlässlich, weil man den kleinsten Nenner der Verständigung wählen muss.

Was ist dann aber die Ursache für Missverständnisse? Es ist in internationalen Teams eher die Kommunikationsart und der -gebrauch. Wann kommuniziere ich was wie und mit welcher Hilfe? Spreche ich Dinge direkt an oder treten sie in meinem Gespräch in den Hintergrund, da ich mehr Wert darauf lege, eine persönliche Beziehung aufzubauen (oder zu erhalten)? Dabei gilt das für alle drei Kommunikationswege:

- Verbal: das gesprochene Wort den Inhalt betreffend,
- Non-verbal: die direkte Körpersprache: Mimik, Einsatz der Hände und Arme usw., die indirekte Körpersprache: Businesskartenaustausch, Kleidung usw.,
- Para-verbal: der Einsatz der Stimme und deren Modulation: Dynamik (Lautstärke), die Intonation und damit Betonung einzelner Worte und Satzabschnitte oder auch das nicht gesprochene Wort (Pausen).

14.1   Internationales Teambuilding

14.1.1   Aufbau von internationalen Teams

Tuckman beschrieb schon in den 60er Jahren die nach wie vor geltenden fünf Stufen des Teambuildings (siehe Abbildung 118):

1. Forming   (zusammenfinden),
2. Storming   (sich auseinandersetzen),

3. Norming   (harmonisiert arbeiten),
4. Performing   (eingespielt arbeiten) und
5. Adjourning   (auseinanderbrechen).

Der Verlauf des Teambuildings ist den meisten Managern geläufig. Es ist auch bekannt, dass die Storming-Phase die kritischste ist und diese in ihrer Problematik durch Diversität und Virtualität des Teams noch potenziert wird. Aber Leadership beginnt schon viel früher, nämlich in der Forming-Phase: Die internationalen Teammitglieder werden sanft in und durch die Storming-Phase geleitet und durch Perspektivwechsel immer wieder auf die Meta-Ebene gebracht. Durch Delegation von Leadership-Funktionen kann zusätzlich im Sinne von Shared Leadership eine Festigung innerhalb des internationalen Teams erfolgen und die Norming-Phase vorbereitet werden (Albrecht, 2012).

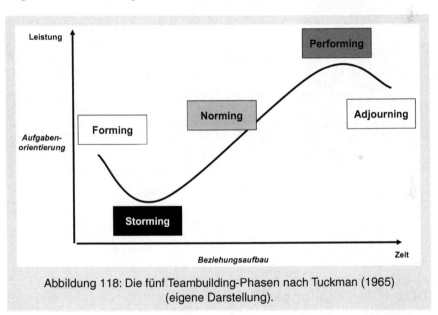

Abbildung 118: Die fünf Teambuilding-Phasen nach Tuckman (1965) (eigene Darstellung).

Deshalb muss auch in der Norming- und Performing-Phase die Betreuung der Teammitglieder aufrechterhalten werden (siehe Abbildung 118). Hier entsteht darüber hinaus der größte Lerneffekt bezüglich des Projektes für die Teammitglieder. Dieser kann dann auf weitere Projekte transferiert und genutzt werden.

14.1.2   Maßnahmen zur Unterstützung von Teams

Da die meisten internationalen Manager nicht nur Teamleiter, sondern auch Teammitglieder sind, ist es wichtig, dass alle Beteiligten das Team maximal unterstützen. In Abbildung 119 werden die sechs wichtigsten Rahmenbedingungen eines erfolgreichen Teams und deren konkrete Umsetzung dargestellt.

Rahmenbedingung	Umsetzung
Teamzusammen-stellung nach Kompetenzen	• Berücksichtigung nicht nur von Fachkompetenzen, sondern auch Soft-Skill-Kompetenzen beim Teamaufbau • Einzelgesprächen bzw. Absprache mit Vorgesetzten / HR-Abteilung bei Wahl aus Kandidatenpool für Teampositionen
Kommunikations-fähigkeit	• Kommunikationstraining • Verhandlung auf einer sprachlichen Plattform
Interkulturelle Handlungs-kompetenz	• Interkulturelles Training mit Fokus auf Business, nicht auf Landeskunde • Berücksichtigung multinationaler Teams, nicht nur bi-nationale Vergleiche
Anwendung moderner Techniken	• Schulung zur Nutzung von Skype • Stärkere Nutzung von Shared Drives/Clouds
Unterstützung seitens der HR-Abteilung	• Schaffung eines kompetenzbasierten Managements zur schnelleren Identifizierung von geeigneten Teamleitern und –mitgliedern • Bereitstellung von virtuellen Teams
Coaching	• Optimierung von Projekt-, Zeit- und Selbstmanagement von Teamleitern • Unterstützung von Teammitgliedern

Abbildung 119: Maßnahmen zur Unterstützung von Teams nach Albrecht und Albrecht (2012).

14.2   Internationale Teamsteuerung

14.2.1   Führungsstile in Teams

Im Allgemeinen werden die zwei Hauptrichtungen kooperativer und direktiver Führungsstil (siehe Abbildung 113: Führungsstil und ihre Einflussfaktoren!), in Abhängigkeit von den Faktoren gesetzt, die uns generell und in bestimmten Situationen beeinflussen:

• Wo sind wir geboren und aufgewachsen?
• Inwieweit hat mich meine Ausbildung bezüglich des Lösungsfindungsweges geprägt?

- Wie habe ich das Führungsverhalten in meinem ersten Job empfunden? Hat der Glaube Einfluss auf meine Entscheidungen?
- Haben mein Geschlecht und meine Persönlichkeit Auswirkungen auf die Reaktion anderer?

14.2.2 Teamsteuerung durch Personen- und Sachebene

Blake und Mouton (1964) haben festgestellt, dass eine optimale Teamführung sich durch einen Ausgleich sowohl an sach- als auch personenorientiertem Führen darstellen lässt (Quadrant 9.9 in Abbildung 120): Ersteres durch klare Ziel- und Regelvorgaben (z. B. wie es beim Management by Objectives (MbO) der Fall ist) und gleichermaßen aber auch durch den personenbezogenen Führungsstil, der nämlich eine personenspezifische Beziehung zu den einzelnen Teammitgliedern aufbaut. Durch Letzteres wird die Motivation begründet, die das Umsetzen der Arbeitspakete wiederum begünstigt.

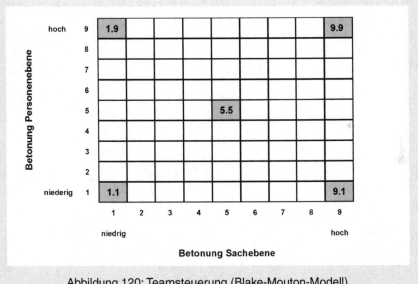

Abbildung 120: Teamsteuerung (Blake-Mouton-Modell).
„Managerial Grid" nach Robert R. Blake und Jane Mouton (1964)
(eigene Darstellung).

Alle anderen Varianten sind als situativer Führungsstil darstellbar und werden auch in der Praxis ausgeübt. Schwierig ist es nur, wenn ein einzelner Führungsstil für eine längere Zeit angewandt wird, weil der Führungskraft dieser Führungsstil besser liegt!

Ein extremer Führungsstil ist dann gegeben (siehe Abbildung 120), wenn

- keinerlei Führung vorhanden ist, sogenannter **Laissez-faire**-Führungsstil (Quadrant 1.1),
- jeder tun und lassen kann was er möchte, Hauptsache die Stimmung und die Harmonie ist gesichert, sogenannter **Ponyhof**-Führungsstil (Quadrant 1.9) oder
- jeder ausschließlich auf Leistung getrimmt wird, ohne dass Rücksicht auf persönliche Gegebenheiten genommen wird, sogenannter **Dompteur**-Führungsstil (Quadrant 9.1).

14.3   Virtuelle internationale Teams

Erschwerend zur allgemeinen Führung internationaler Teams kommt hinzu, dass entweder die Teams gar nicht physisch in einem Raum zusammenarbeiten, sondern in dem Unternehmen weit verteilt sind oder für verschiedene Firmen arbeiten. Oft sind die einzelnen Teammitglieder sogar global disloziert. Ein „Face-to-Face"-Gespräch (F2F) ist damit erschwert oder gar nicht möglich, so dass den Fehlinterpretationen, die ohnehin schon gut möglich sind, noch weiter Vorschub geleistet wird (Albrecht, 2016a). Hier ist bei einer Vorbereitung

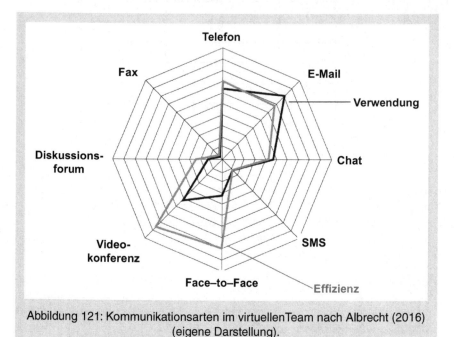

Abbildung 121: Kommunikationsarten im virtuellenTeam nach Albrecht (2016) (eigene Darstellung).

zum Teamaufbau besonders darauf zu achten, dass Vertrauen aufgebaut wird. Beim Führen der Teammitglieder aus der Distanz hat sich herausgestellt, dass sowohl das Führen durch Zielvorgaben und -überprüfungen als auch das vertrauensbasierte Führen die zwei entscheidenden Erfolgsfaktoren sind. Teams, die nur über Kontrolle geleitet werden, werden längerfristig scheitern und die Organisationskultur nachhaltig schädigen. Es ist weiterhin darauf zu achten, dass mehr effiziente und geeignete Kommunikationsmodalitäten eingesetzt werden, um Missverständnissen und Ineffizienzen vorzubeugen (Albrecht, 2016b) (siehe Abbildung 121).

14.4   Teamfokussierte Leadership-Konzepte

14.4.1   Shared Leadership

Unter Shared Leadership versteht man die Übertragung der Führung weg von einem Vorgesetzten oder Leiter hin zum Team oder anderen projektbezogenen Organisationsstrukturen (Albrecht, 2016c).

Ursprünglich verstand man unter Shared Leadership, dass ein Vorgesetzter seinen Teammitgliedern einzelne Führungskompetenzen – oder temporär sogar die gesamte Führung (!) – für ein Projekt oder eine Aufgabe übergibt. Drei Ausprägungen kann man beobachten:

1) Die Teammitglieder sind selbstverantwortlich und treffen alle ihre Entscheidungen selbstständig. Das Team arbeitet dann autark ohne Führungsspitze, wie man es von der Amöbenstruktur der Firma Gore kennt. Sicherlich ist diese „reine Form" selten.

2) Immer mehr wird eine Shared Leadership-Form beobachtet, in der die Teammitglieder klar informiert werden und selbstständig handeln. Allerdings behält sich der Teamleiter das Recht vor, bei wichtigen Situationen einzugreifen oder sogar Entscheidungen zu treffen, was beim ‚reinen' Shared Leadership nicht der Fall ist. Man kann das mit dem *Primus inter pares* vergleichen. Der Teamleiter tritt nur bei bestimmten Situationen (z. B. Reporting an Externe, Mediation, Entscheidung bei Parität im Team) hervor und ist sonst integriert.

3) Öfters findet man hingegen in Organisationen klar beschriebene Rollenverteilung und Verantwortlichkeiten, die in diesen Organisationen konsequent umgesetzt werden und ein starke Führung nicht mehr erforderlich machten. Das ist Shared Leadership light: Wie beim Computer-Prozessor werden die Arbeitspakete selbstständig geholt und abgearbeitet.

14.4.2   Scrum-Methodik

Die Einführung von Schlüsselkennzahlen (KPIs) in der Produktion dient dazu, den Qualitätsanspruch und die Messbarkeit von Zielerreichungen zu erfüllen sowie die Effizienz zu steigern. Dieses Prinzip bei immerwährender Verbesserung (Kaizen改善 = japanisch Wandel zum Besseren) wurde in die Führung und die Messbarkeit von der Leistung von Mitarbeitern durch das HRM übernommen. Nun wurde ein weiteres Prinzip aus der Produktion, nämlich aus dem Lean Management als Führungsmethodik kopiert: Scrum-Methodik.

Bei der Scrum-Methodik gibt es die klassischen Rollen wie bei jeder Umsetzungsfragestellung, die z.T. von den gleichen Personen übernommen werden können: Es gibt

- den internen oder externen **Kunden**, der oft auch der Anwender des Produktes ist;
- den **Product-Owner**, der die Spezifikationen oder die möglichen Rahmenbedingungen festlegt (oder ggf. die des Kunden weitergibt), er bestimmt über das Budget (finanzielle und personelle Ressourcen);
- den **Projektmanager**, der die Scrum-Methodik innerhalb des Gesamtprojekts verantwortet;
- **den Scrum Master**, der verantwortlich das Team moderiert, coached und gegebenenfalls Störungen und Missverständnisse ausräumt. Er muss den Prozess verstehen und ausgezeichnete Leadership- und Business Coaching-Qualitäten haben;
- Das (Entwicklungs- oder Bearbeitungs-) **Team**, das hervorragend geschult, erfahren und bereit sein muss, auf Hierarchien und Privilegien zu verzichten. Gerade Arbeitnehmer oder Teammitglieder aus sehr autokratischen Leadership-Kulturen tun sich anfangs oft schwer.

Box 51: Scrum-Methodik

Die Scrum-Methodik verdichtet die Teamaktivität (engl. scrum = Gedränge [Anstoß beim Rugby]), um gemeinsam als Team ein Ziel zu erreichen, ohne dass genaue Anweisungen von einer oder mehreren Führungspersonen gegeben wird. Die Zielerreichung erfolgt nach Definition durch das Team in sogenannten Sprints (definierten Zeiträumen), die wiederum in (meist täglichen) Timelines unterteilt werden, um den Zwischenstand zu diskutieren. Die Zwischen-Meilensteine sind also inhaltlich gesehen flexibel.

Gerade im internationalen Projektmanagement und bei der distanzierten Zusammenarbeit ist es um so wichtiger, Freiheitsgerade mit Zwischenetappen zu verbinden. Eine permanente „Überwachung" ist schon technisch und physisch gar nicht möglich. Eine wichtige Voraussetzung ist das gemeinsame Verständnis, was zu tun ist, damit nicht am Ziel vorbei entwickelt oder Arbeitsdoppelungen entstehen. Im sogenannten Definition of Done (DoD) wird dies genau festgelegt und darauf referenziert. Veränderungen müssen einheitlich beschlossen werden und mit dem Gesamtprojektleiter abgestimmt werden.

Inzwischen haben sich Vereinigungen gegründet wie die Non-For-Profit-Organization Scrum Alliance, die einen Ethik-Kodex aufgestellt hat (Scrum Alliance, 2016) und auf die vier Regeln des „Manifesto for Agile Software Development" 4 für Scrums (Beck et al. 2001) verweist, welche auch in guten Führungskulturen existieren sollten:

1. Individuals and interactions over processes and tools: Individuelle Personen und deren Zusammenarbeit stehen über Prozessen und Werkzeugen, d. h. persönliche Interaktion steht über bürokratischer Prozesshoheit.

2. Working software (product or service [Anmerkung des Autors]) over comprehensive documentation: Die Funktionsfähigkeit steht über der (detaillierten) Dokumentation, „Probieren geht über Studieren".

3. Customer collaboration over contract negotiation: Die Zusammenarbeit zur erfolgreichen Produktentwicklung steht über Vertragsklauseln, an die man sich (auch von der Reihenfolge und dem Ablauf oder der Methodik her) halten muss.

4. Responding to change over following a plan: Flexibilität steht vor einem stringenten Nachverfolgen eines festgesetzten Plans.

Das Konzept sieht für einen hoch motivierten jungen Mitarbeiter überzeugend aus, doch darf bei der Scrum-Methodik nicht vergessen werden, Mitarbeiter älterer Generationen und verschiedener Kulturen zu integrieren, die eine solche (angelsächsische!) Flexibilität nicht gewohnt sind.

Fragen zum Thema:

- Was kann eine Führungskraft tun, damit es nur zu einer „abgemilderten" Storming-Phase kommt?
- Inwieweit lässt sich das situative Führen von Hersey-Blanchard (Abbildung 115) auf das Schema von Blake-Mouton (Abbildung 120) übertragen?
- Was sind die Vor- und Nachteile beim Führen virtueller Teams durch die Scrum-Methodik?

15 Wissensüberprüfung

Im Nachfolgenden werden noch einmal die wichtigsten Begriffe, Definitionen und Erklärungen alphabetisch zusammengestellt, um sich diese besser einzuprägen, zu wiederholen bzw. nachzuschlagen.

Zur Wiederholung der wichtigsten Modelle und Definitionen ist es didaktisch das Sinnvollste:

- diese entweder per Zufall oder der Reihenfolge nach anzuschauen,
- immer wieder wie eine Check-Liste abzuhaken,
- diese frei wiedergeben zu können und
- wenn Sie unsicher sind, in den Text zum jeweiligen Kapitel zurückzugehen.

Gehen Sie bei der Wissensfestigung wie folgt vor:

1. **Wiedergabe**:
   Geben Sie die deutsche und englische Bezeichnung wieder!

2. **Abkürzung/Autor**:
   Kennen Sie die gängige internationale Abkürzung bzw. den Autor?

3. **Bedeutung**:
   Welche Bedeutung hat der Begriff? Haben Sie ihn auch wirklich verstanden?

4. **Transfer**:
   - Ordnen Sie den Begriff in den internationalen Kontext ein!
   - In welchem Zusammenhang steht er?
   - Wofür wird er noch verwendet?
   - In welchen Bereichen wird er außerdem verwendet?

TIPPS:
- Markieren Sie mit Leuchtmarker und Post-its die Worte, die Ihnen am Wichtigsten sind!
- Erklären Sie den Begriff jemandem, der von BWL keine Ahnung hat! So gehen Sie sicher, dass Sie es leicht verständlich erklärt haben.
- Versuchen Sie, den Begriff zu zeichnen oder ein Bild für diese Person zu malen. Bilder oder gemalte „Eselsbrücken" prägen sich viel besser und schneller ein. Bei komplexeren Darstellungen die Zusammenhänge vereinfacht darstellen!

360-Grad-Feedback

360-Grad-Feedback ist die Kommunikation mittels Feedback-Schleife mit allen Stakeholdern verschiedener Ebenen: Vorgesetzter, Untergebener, Kollege, Boss, Chef vom Boss, Kunde, Lieferant, Kooperations-Partner usw.

A-Analyse

Albrecht-Analyse: Systemischer und holistischer Ansatz einer strategisch-strukturellen Analyse einer kompletten Organisation im internationalen Kontext nach Prof. Dr. Arnd Albrecht.

ABC-Analyse

ABC-Analyse ist eine Priorisierungshilfe, mit der Daten eingeteilt werden können, um so deren Wichtigkeit besser beurteilen zu können. Es lassen sich Produkte, Kunden-, Aufgaben-, Ressourcen-, Kosten-Daten usw. gegen Output-Größen wie Umsatz oder Gewinn auftragen. Dabei teilt man die zu untersuchenden Daten in drei Kategorien nach einer logarithmischen Abhängigkeit auf, A für 80% des Outputs, B für 15% bzw. C für 5%.

Affiliate

Affiliate (owned or funded, entirely or partly independently) sind firmeneigene Standorte im Ausland (sogenannte Tochterorganisationen). Dies ist die konservativste Entscheidung bei einer Markteintrittsstrategie, nämlich als Firma selbst vor Ort in den Markt zu penetrieren. Entweder kauft man sich in dem betreffenden Zielmarkt ein oder man baut eine eigene Niederlassung. Diese kann von einem bloßen Vertriebsbüro bis hin zu einer eigenen Tochtergesellschaft mit Produktion, Vertrieb und Verwaltung reichen.

B2B

Siehe Business to Business!

B2C(o)

Siehe Business to Consumer!

B2C(u)

Siehe Business to Customer!

bā

八, chinesisch: acht; phonetisch ähnlich zu fā = hervorbringen.

Benchmark
Bezugswert im Markt. Sogenanntes „Best Practice" oder „State of the Art" bezüglich Qualitäts-, Prozess-, Produkt- und Servicestandards. So werden Vergleiche mit dem Branchen-Primus oder den besten Wettbewerbern hergestellt.

Beziehungsmanagement
Beziehungsmanagement ist als Grundlage für jeden Vertrauensaufbau und jegliche Zusammenarbeit essenziell.

Bias
Das Bias ist eine durch bewusste oder unbewusste Manipulation und gerichtete Interpretation von Daten, die die Ergebnisse verfälschen. Oft geschieht das durch Voreingenommenheit, Zielfixierung und monokausalem Wunschdenken.

Business to Business
(B2B) Geschäftsbeziehungen in einer Wertschöpfungskette, inkludiert auch Serviceindustrie, z. B. Hersteller von Treibstofftanks für Kfz als Automobilzulieferer.

Business to Consumer
B2C(o) Direkter Kontakt eines Produzenten oder Dienstleisters mit dem Konsumenten: E-Commerce, Friseur usw.

Business to Customer
B2C(u) Geschäftsbeziehungen zum Kunden, der aber nicht Endkonsument ist, z. B. eine Pharmafirma zum Arzt, der wiederum das Medikament an einen Patienten verschreibt.

C2C
siehe Client to Client!

Client to Client
(C2C) Tauschgeschäfte mit Naturalien oder Dienstleistungen (spielt im Handel eine untergeordnete Rolle).

Competitive Intelligence
Competitive Intelligence ist die strategische und operationelle Beobachtung von Wettbewerbern durch Daten- und Produktsammlung im Rahmen gesetzlicher und businessethischer Grundlagen. Sonst würde es sich um illegale Industriespionage handeln.

Corporate Identity
Corporate Identity (CI) ist die einheitliche Darstellung eines Unternehmens nach innen und vor allem nach außen.

Corporate Social Responsibility
Corporate Social Responsibility (CSR) ist die Verantwortungsbereitschaft und Umsetzung von Firmen hinsichtlich ökonomischer, gesetzlicher, ethischer, ökologischer und philanthropischer Verantwortung.

Countertrade
Countertrade ist der Austausch von Waren oder Dienstleistungen, manchmal auch von Informationen oder Know-how. Strenggenommen ist jede Bezahlung einer Ware oder einer Dienstleistung ein Countertrade. Hier ist aber konkret der Austausch einer Ware/Service/Information A gegen eine Ware/Service/Information B gemeint. Im Banken- und Dienstleistungsgeschäft wird damit auch der reine Austausch von Währungen oder Wertinhalten bezeichnet.

Critical Success Factors
Critical Success Factors (CSF) sind die Faktoren, die für das Gelingen und Bestehen eines Ziels, Prozesses oder eines Projektes erfolgskritisch sind. Damit sind sie nicht dem Unique Selling Proposition (USP) gleichzusetzen, welcher eine besonders herausgestellte Eigenschaft darstellt.

Commoditisierung
Commoditisierung ist die schnelle Abwertung von innovativen und/oder teuren Gegenständen. Innerhalb eines immer kürzeren Produktlebenszyklus (PLC) werden diese Produkte einfacher und preisgünstiger (oft auch als Kopien) auf den Markt gebracht. Damit sind selbst Luxusgegenstände für alle Konsumenten meistens zumindestens erhältlich, oft aber auch schon eher erschwinglich als noch vor 50 Jahren (vgl. auch Commodity-Produkt).

Commodity-Produkt
Commodity-Produkte sind Produkte oder Serviceleistungen, die Gebrauchsgegenstände geworden sind bzw. als übliche Leistung erwartet werden. Somit ist meistens auch die Marge klein bzw. der Teil der Serviceleistung schon einkalkuliert und wird nicht mehr extra berechnet (vgl. Commoditisierung).

Demokratisierung des Luxus
Die Demokratisierung des Luxus wurde in den 1990ern durch stärkere Werbung für Markennamen eingeleitet und forcierte das sozio-ökonomische Dazugehörigkeitsgefühl. Bei jungen Menschen ist die Identifikation durch Kleidungsstü-

cke oder Tragen/Besitzen von Luxusartikel maßgeblich für die Anerkennung in einem bestimmten Milieu wichtig.

Demopolarisierung
Ist die Spaltung einer Gesellschaft, eines Volkes oder eines Kulturraumes in zwei oder mehrere Teile.

Diversity Management
Diversity Management im Business-Kontext beschreibt das Beobachten, das Verstehen und dementsprechende Handeln, basierend auf unterschiedlicher Prägung durch Abstammung, Gesellschaft und eigenen Erfahrungen.

DNA des Unternehmens
Die DNA eines Unternehmen, ist das, was ein Unternehmen ausmacht. Das USP (siehe dort) ist die auf wenige Merkmale oder das Hauptmerkmal reduzierte Information über ein Produkt oder eine Organisation, die zum internen oder externen Kunden tranportiert werden soll, während die DNA auch die (gelebten) Werte und die Kultur sowie die Tradition und das Selbstverständnis der Organisation widerspiegelt.

Edukt
Ein Edukt ist ein Ausgangsstoff (meist Rohstoff), während ein Intermediärprodukt ein Halbprodukt und ein Produkt das finale Ergebnis des Wertschöpfungsprozesses ist.

Einschränkungen der Messbarkeit der Heskett Value Profit Chain
Die Gewinne aufgrund längerfristiger Kundenbindung durch exzellente Mitarbeiter werden allerdings oft durch kurzfristige Maßnahmen überdeckt. Eine Streichung im Entwicklungsetat oder ein Stellenabbau in einer Firma führt zu einer höheren Gewinnmarge. Ob das jedoch dem Unternehmen eine längerfristig höhere Kundenbindung garantiert, ist nicht nur fraglich, sondern oft genau gegenteilig der Fall, da die Serviceleistung abnimmt!

Employer Branding
Employer Branding ist die Vermarktung einer Firma (im engeren Sinne des Firmennamens) nach außen und innen.

Explicite Corporate Identity (ECI)
wird meistens durch Richtlinien abgesichert. Sie bestimmen, wie die Firma sich präsentiert, also Logo (inklusive geschützter Schriftzüge oder eingetragener Markenname [trademark] mit spezifischer Farbe [Pantone]), Kleidung/Uni-

form der Mitarbeiter (falls notwendig), externe Kommunikationsmedien (Visitenkarten, Briefpapier, Internet, Intranetpräsentation usw.) etc.

Export
Export ist die Ausfuhr von Gütern oder Dienstleistungen über die Landesgrenzen hinweg. In der Regel über unabhängige Logistik bzw. Systeme.

fā
发, chinesisch: hervorbringen, etwas (voran-)entwickeln.

Feng-Shui
風水, chinesisch: Wind und Wasser. En pars pro toto, aus der chinesischen fernöstlichen Harmonielehre abgeleitet, in der der Mensch mit seiner Umgebung im Einklang leben soll. In der westlichen Welt wird es unter anderem auch auf Sitz- und Arbeitsverhältnisse übertragen, die zu einer besseren Leistung führen, da sich der Betroffene subjektiv besser fühlt, z. B. nicht mit dem Rücken zur Eingangstür sitzen.

Full Time Equivalent
Full Time Equivalent (FTE) ist eine Einheit, die die standardisierte Arbeitsleistung einer Person für eine definierte Zeit beschreibt, z. B. eine Arbeitskraft, die durchschnittlich acht Stunden an 220 Tagen im Jahr eine Leistung in einem Unternehmen erbringt. Diese 1 FTE kann auf verschiedene Personen aufgeteilt werden oder pro Person reduziert werden, so dass Bruchteile von 1 entstehen. Es gilt immer: Eine Person ist kleiner gleich einem FTE.

Flag-Shops
Aus dem Militärwesen entlehnt (flag-ship). Analog einem Verband (von Kriegsschiffen) mit der entsprechenden Flagge anführend, ist es im Vertrieb eine repräsentative Ausstellung eines oder mehrerer Produkte(s) oder eines „Labels" einer Firma.

Franchising
Franchising ist die in Inanspruchnahme von Facilities (Räumen, kompletter Cateringservice), Ausstattung, Werbemaßnahmen eines Firmenbesitzers. Das Branding der Filialen und das gleiche Sortiment, so wie der gleiche Werbeauftritt unterstützen den Franchise-Nehmer. Dafür zahlt der Franchise-Nehmer eine Nutzungsgebühr.

Global Accessibility
ist die weltweite Verfügbarkeit eines Angebots von Waren, Produkten oder Dienstleistungen. Diese wird durch das Internet jedem zugänglich gemacht und

kann dezentral durch zentrale Bezahlungssysteme von jedem gekauft bzw. in Anspruch genommen werden

Global English
Global English ist eine englische Sprachkonvention und Plattform im Business, auf der sich in Englisch verständigt wird, das mit einem geringen Wortschatz (ca. 4.000 Worte plus Fachtermini) auskommt. Die Sprache sollte simpel und von allen Schnörkeln befreites Englisch sein.

Globales Management
Globales Management bedeutet eine hohe Abhängigkeit von mehreren Staaten oder Organisationen, die international miteinander verflochten sind und auf mindestens zwei Kontinenten aktiv sind. Diese stehen in einem wirtschaftlichen, gesellschaftlichen, militärischen, ökologischen, karitativen und/oder die Gesundheit betreffenden Verhältnis.

Globalisierung
Die Globalisierung beschreibt den Prozess oder die Komponenten einer Veränderung, welche die Organisationen mit ihren Mitarbeitern hinsichtlich internationaler Verknüpfungen und Austausches sowohl zeitlich als auch räumlich betrifft. Dabei spielt die Interaktion von Kommunikation, Transport und Handel innerhalb verschiedener Bereiche (Märkte, Gesellschaften und Kulturen) eine große Rolle.

Handel
Der Handel ist der Geld-/Waren-/Service- und/oder Informations-Austausch zwischen mindestens zwei Parteien, die für sich dadurch einen Vorteil erwarten oder eine Verbesserung ihrer momentanen Situation herbeiführen wollen (Wettbewerbsvorteil bzw. strategische Positionierung).

Heskett Value Profit Chain
Siehe „Einschränkungen der Messbarkeit der Heskett Value Profit Chain".

High Context-Kultur
High Context-Kulturen sprechen indirekt, also so, als ob die Informationen in einem Geschenk verpackt wären. Je kritischer die Informationen sind, desto mehr Verpackungsmaterial ist zu erwarten, um bei der Metapher zu bleiben. Persönliche Beziehungen spielen eine sehr große Rolle. Deshalb sind persönliche Treffen im Business mit *High Context*-Kulturen ausgesprochen wichtig und erfolgskritisch.

Hub
Hub ist ein Netzwerkknoten, also ein (inter)nationales Logistikzentrum oder -drehkreuz, von dem Waren in die Peripherie transportiert bzw. verteilt werden. Dabei kann die Ware auf andere Transportfahrzeuge umgeladen werden.

Idle Capacity
Leerstandszeiten, aufgrund von Wartung, Reinigung, Ressourcenverknappung oder zu geringer Auftragszahlen.

Industry 4.0
(Vermeintlich) gleichwertige industrielle Revolution nach Dampfmaschine, Fließband, Computer, Biotechnologie: Vernetzung und autonome Steuerung von Betriebs-, Verfahrens-, Produktions- und Informationssystemen ohne Bedienung durch den Menschen (Systemautarkie).

Interdependenz
Globale (wirtschaftliche) Abhängigkeit der Einzelsysteme von und zu einander.

Interface-Management
Voraussetzung für ein optimales Interface-Management ist es, dass jeder eine genaue Beschreibung seiner Tätigkeit (Jobprofil), seines Verantwortungsbereiches (Rollen- und Verantwortungsbereich) und des gesamten Wertschöpfungsbereiches (Value Chain) kennt und versteht. Erst dann kann er die Nachbarabteilungen als „interne Kunden" wahrnehmen, verstehen und sich darauf einstellen bzw. an den internen Kunden anpassen.

Inter-Gender Relation
Die geschlechtsabhängig bzw. rollenabhängig aufgebaute oder erwartete Beziehung einer Gesellschaft und Kultur, die teilweise in die Businesskultur übertragen wird. Damit im Zusammenhang steht sexuelle Belästigung am Arbeitsplatz, gleich-/andersgeschlechtliche Diskriminierung hinsichtlich Funktion, Beurteilungs-/Belohnungs-/Vergütungssysteme und Karrierechancen.

Internationales HRM
Internationales Personalmanagement ist die international strategische und operationale Bereitstellung von adäquatem Personal, um einen Wettbewerbsvorteil zu erlangen hinsichtlich übergreifender Mitarbeiterintegrität innerhalb einer definierten Organisationseinheit.

Internationales Management

Internationales Management beschreibt, analysiert und versteht Zusammenhänge, die durch internationale wirtschaftliche, sozio-kulturelle und führungsrelevante Eigenschaften geprägt werden. Produkte, Menschen (Verkäufer und Kunden) und Märkte sowie Organisationen, Verbände und Staaten stehen dabei in permanenter Wechselwirkung.

Implicite Corporate Identity (ICI)

ist das Auftreten der Mitarbeiter nach außen, die durch ihr Verhalten die Kultur des Unternehmens nach außen vertreten (zurückhaltend, seriöses Auftreten, lockere Umgangsform usw.).

Joint Ventures

Joint Ventures werden im allgemeinen Sprachgebrauch fälschlicherweise mit Kooperation zweier oder mehrerer Firmen gleichgesetzt. Bei einer Kooperation kann es sich um ein Joint Venture handeln, muss es aber nicht. Joint Venture ist immer mit der Gründung einer neuen rechtlichen Geschäftsform (legal entity) verbunden. Diese besteht in aller Regel aus (nahezu) gleichen Anteilen aus zwei Firmen A und B oder weiteren Firmen. Joint Ventures werden oft bei kostenintensiven und/oder risikoreichen Projekten angewendet (Pharma-Forschung, Elektroautoentwicklung usw.).

Kaizen

改善, japanisch: Wandel zum Besseren.

Kanban

看板, japanisch: Tafel, [Register]karte, Übersicht.

Key Performance Indicators

Key Performance Indicators (KPI) sind spezifische und aussagekräftige Kenngrößen, anhand derer sich leistungsrelevante Aussagen bezüglich Zielerreichung (Effektivität) und Modalität der Umsetzung (Effizienz) machen lassen.

Kommunikation

Kommunikation ist die verbale, nonverbale und/oder paraverbale Weitergabe von Information, die codiert und uncodiert erfolgen kann.

Licensing

Hier wird das Produkt (oder eine Dienstleistung) zur Herstellung und/oder Nutzung vom Lizenzgeber zur Verfügung gestellt. Dies erfolgt gegen eine Beteiligung am Umsatz/Gewinn des Lizenznehmers. Lizenzen sind sinnvoll, wenn man das gleiche Produkt mit gleicher Qualität global anbieten möchte und produktionstechnische oder logistische Gründe eine Vor-Ort-Produktion begünstigen.

Low Context-Kultur
Low Context-Kulturen sprechen direkt, also es werden weder viel Begleitinformationen gegeben noch mit „Subtext" (implizite Informationen) gesprochen. Oft ist die Information, auch Feedbacks, gerade heraus und ohne Umschweife auf den Punkt gebracht. Es gibt keine oder nur eine knappe Einleitung oder wenig persönlichen Beziehungsaufbau. Das Wort ist wichtiger als die Körpersprache. Typisch dafür sind alle Mittel- und Nordeuropäer, sowie Angelsachsen (UK, USA), gerade Deutsche sind für die direkte Sprache sehr bekannt.

M2C
siehe Machine to Customer!

M2M
siehe Machine to Machine!

Machine to Machine
Machine to Machine (M2M) sind systeminterne, automatisierte Abstimmungen zwischen IT-Einheiten (Computern) untereinander oder mit mechanischen Einrichtungen (Maschinen) und/oder Messeinheiten (Sensoren), durch die Produkte oder Dienstleistungen ohne (größeres) Eingreifen des Menschen erfolgen können (siehe auch Industry 4.0).

Machine to Customer
Machine to Customer (M2C) sind Dienstleistungen von Maschinen oder Automaten oder intelligenten Systemen, die den Kunden mit Produkten oder Serviceleistungen zufriedenstellen. Vom Kaffeeautomaten bis hin zu sensorgesteuertem Lenken von blinden Menschen.

Main Stream
Bei der Stereotypisierung (siehe dort) der durchschnittliche Kultur-Typus einer betrachteten Personenschar. Abgeleitet davon ist der Stereotyp.

Makro-Leadership
Makro-Leadership umfasst die Führung der Gesamtorganisation in Hinsicht auf Unternehmensführung und -steuerung (Governance). Der Fokus liegt auf der strategischen und taktischen Ausrichtung des Unternehmens.

Mikro-Leadership

Mikro-Leadership ist Leadership im engeren Sinne, das durch Interaktionen zwischen Menschen hervorgerufene überadditive Ergebnis, das durch Kommunikation, Motivation und Beeinflussung von Mitarbeitern erfolgt.

Monochrone Kultur

Monochrone Kulturen arbeiten Arbeitsschritte sequenziell ab, ein Überspringen eines Arbeitsschrittes ist nicht akzeptabel und wirft die betroffene Person aus der Bahn. Die ordnungsgemäße Abarbeitung steht im Vordergrund und Flexibilität ist störend.

Ökonomische Indikatoren

Kennzeichen für Aktivitäten (Activity Index = ACI) oder die Messung von Leistungen durch Kennzahlen (Key Performance Indicator = KPI) sind hilfreich, um Aussagen zu treffen, ob sich Produkte, Industrien, Wirtschaften in eine bestimmte Richtung entwickeln. Dabei gibt es direkte und indirekte ACIs. Direkte sind die Steigerung der Bruttoinlandsproduktrate (BIP) oder die Verschuldung von Ländern, indirekte z. B. die weltweite Containeranzahl und deren Verschiffung als Aktivitätszeichen für den globalen Handel oder der Konsum und die Preise international konsumierter Nahrungsmittel (Fast-Food Burger-Rate, Coca-Cola/Pepsi Cola-Verbrauch pro Land).

Onboarding

Einarbeitungsphase des Mitarbeiters in einen neuen Arbeitsbereich.

Organisations-Analyse

Die Organisations-Analyse ist eine modellhafte Erklärung der internen Organisation eines Unternehmens (im engeren Sinne) oder anderer Organisationsformen wie Staaten, NGOs u.ä. (im weiteren Sinne). Sie führt zu einem besseren Verständnis der Situation und zur Ableitung von Handlungsempfehlungen.

Paretoprinzip

Das Paretoprinzip ist eine empirische Beobachtung und Ableitung eines 80-zu-20 Phänomens, das sich auf viele Bereiche von Organisationen und soziologischen Phänomenen anwenden lässt. Beispielsweise lassen sich mit 20% Aufwand 80% der zu erledigenden Aufgabe erreichen. Für die restlichen 20% der Aufgabe ist der Aufwand im Verhältnis dazu überproportional, also vierfach so groß.

Poka Yoke

ポカヨケ, japanisch: schlechte Züge/Fehler vermeiden.

Polychrone Kultur

Polychrone Kulturen stemmen Parallelprojekte gleichzeitig und allozieren wie ein Computerprozessor verschiedene Kapazitäten auf Parallelprozesse. Für sie ist eine Reihenfolge eine Orientierung aber keine Anordnung. Sonst würde die Freiheit eingeschränkt werden. Priorität liegt in der Beziehungsebene, nicht in der Sachebene.

POM-Modell

Nachdem die Entscheidung zur Internationalisierung getroffen wurde und keine anderen (besseren) Wachstumsoptionen im Binnenmarkt zu erkennen sind, wird die Internationalisierung durch das POM-Modell auf die drei Komponenten Produkt-, Herstellungs- und Marktstrategie fokussiert.

Profiling

Profiling ist das Erstellen eines detaillierten Kundenprofils oder eines Kundensegments.

Product Operations Market-Modell (POM-Modell)

Siehe POM-Modell.

Prototyp

Bei der Stereotypisierung (siehe dort) der Typus Mensch, der nicht nur alle zu erwartenden Eigenschaften, sondern auch Klischees und Vorurteile erfüllt, oft von anderen Autoren fälschlicherweise mit dem Stereotypen gleichgesetzt.

Pull-Faktoren

Pull-Faktoren sind externe Faktoren, die ein Business interessant machen und für eine Firma anziehend wirken (neuer Markt, neuer Trend). Negative Pull-Faktoren existieren in Form von bedrohenden Situationen, in denen man Gegenmaßnahmen einleiten oder sogar ein Exit suchen muss (Threats).

Push-Faktoren

Push-Faktoren sind interne Faktoren, die einen veranlassen, seinen Status zu verändern. Das können greifbare oder aber nicht greifbare Dinge sein wie: Ein personeller Kompetenz-Zuwachs bedeutet, dass man sich diesen neuen Gebieten öffnen kann, während ein personeller Verlust möglicherweise zu einem kritischen Überdenken der Aufrechterhaltung des Businesses führt.

Retrobewegungen

Retrobewegungen sind eine Reaktion auf die Digitalisierung des privaten und des Business-Lebens. Zur Entschleunigung der Zeit und für ein bewussteres Leben werden wieder alte Medien und Verfahren benutzt.

Scrum-Methodik

Die Scrum-Methodik ist das Verdichten von Teamaktivitäten (engl. scrum = Gedränge [Anstoß beim Rugby]), um gemeinsam ein Ziel zu erreichen, ohne dass genaue Anweisungen von einer oder mehreren Führungspersonen gegeben werden. Die Zielerreichung erfolgt nach Definition durch das Team in sogenannten Sprints (definierten Zeiträumen), die wiederum in (meist täglichen) Timelines unterteilt werden, um den Zwischenstand zu diskutieren. Die Zwischen-Meilensteine sind damit inhaltlich gesehen flexibel.

Service Contracts

Das sind Einzelverträge (die in Rahmenverträgen gebündelt sein können) zu Dienstleistungen von Serviceunternehmen, von Gebäudereinigungsfirmen und Eventagenturen bis hin zu Beratungsfirmen.

Shared Documents

Eine Anwendung, die es erlaubt, zeitgleich an einem Dokument durch mehrere Nutzer zu arbeiten. Wird oft in virtuellen Teams eingesetzt. Shares Documents reduzieren Missverständnisse und führen zum Vertrauensaufbau, da Einträge und Veränderungen in real time erfolgen.

Shared Service Center

Ein Shared Service Center (SSC) ist eine Organisationseinheit, die durch Zentralisierung und Ausgliederung von Dienstleistungstätigkeiten (im weiteren Sinne auch anderer Funktionen) entstanden ist. Die Gründe für ein SSC sind erstens die Identifizierung von Nichtkernkompetenzen, zweitens eine Schaffung organisatorischer oder prozessualer Synergien und damit drittens eine Kostenersparnis durch Bündelung von gleichen Funktionen.

sì

四, chinesisch: vier; phonetisch ähnlich zu sǐ = Tod.

sǐ

死 [死], chinesisch: Tod, Exitus.

Stakeholder

Stakeholder sind Einzelpersonen, Gruppen, Teams, Verbände oder andere Organisationen, die ein Interesse an bestimmten Personen, Dingen, Themen und/oder Projekten haben.

Stereotyp

Ein Kultur-Typus, der die meisten zu erwartenden Eigenschaften einer Kultur im Rahmen einer Stereotypisierung (siehe dort) erfüllt.

Stereotypisierung

Stereotypisierung ist die vereinfachte Betrachtung einer Person oder Personengruppe, Organisation, Gesellschaft, die durch Reduzierung auf markante Merkmale gut zu identifizieren ist. Daraus können sich Persönlichkeitsprofile oder Kulturmerkmale ableiten lassen.

Strategic Alliances (Non-equity-/equity-based)

Strategische Allianzen sind meist für eine Projektzeit determiniert und werden danach wieder gelöst. Wie bei den Joint Ventures nutzt man hier die Stärke des Partners, die in zusätzlicher Ressourcenkraft (Geld und Personal), in etablierten Produktions-, Logistik- oder Vertriebsstrukturen oder im Erfahrungs- und Wissensvorsprung liegt. Damit wird das Risiko reduziert und die Erfolgsaussichten maximiert. Es kann sich auch schlichtweg um einen Zusammenschluss gegenüber Behörden, Gesellschaften oder Wettbewerbern handeln.

SWOT

Die SWOT ist eine Stärken-Schwächen-Chancen-Risiken-Matrix, in der die Ergebnisse von der Analyse der internen Faktoren (S/W = Strength/Weaknesses) bzw. der externen Faktoren (O/T = Opportunities/Threats) eines Unternehmens oder einer Organisation zusammengefasst und gegenübergestellt werden.

SWOT-Matrix-Erstellung

In der SWOT-Matrix (siehe dort) werden die Ergebnisse der vier relevanten Eigenschaftsbereiche zusammengefasst und einander gegenübergestellt.
Dabei ist zu beachten:

- Tragen Sie stets gleich viele Argumente in jedes Matrixfeld ein!
- Tragen Sie mindestens fünf Argumente pro Feld ein!
- Achten Sie auf das Ranking: Wichtigste Faktoren zuerst!
- Bilden Sie als Gegenspieler nicht den negierten Satz oder Ausdruck (also nicht das Gegenteil bilden)!

Totes Material
„Totes Material" sind ungenutzte meist gelagerte Edukte (also Rohstoffe) und Produkte sowie Neben- und Abfallprodukte, die sich nicht in der Wertschöpfungskette befinden.

Transport
Der Transport ist die Translokation von Geld, Waren oder Informationen vom Produzenten oder Anbietern zum Auftraggeber oder Kunden.

Turnkey Projects
Turnkey Projects sind schlüsselfertige Gebäude, Anlagen, Prozesse oder Systeme. Meistens handelt es sich um Spezialfirmen, die beispielweise eine neue Produktionslinie aufbauen oder eine Datenbank benutzerfertig inklusive Schulung dem Kunden zur Verfügung stellen. Auch der Bau ganzer Firmenanlagen in unerschlossenem Gelände, Großbauprojekte wie Flughäfen oder Auto-/ Bahntrassen gehören dazu. Eine Koordination von mehreren ARGEn (Arbeitsgemeinschaften) ist dazu notwendig.

Umfeld-Analyse
Eine Umfeld-Analyse ist die modellhafte Erklärung der externen Umgebung eines Unternehmens oder einer Organisation. Sie führt zu einem besseren Verständnis der Situation und zur vollständigeren Analyse und Prognose von Status bzw. Wettbewerbsvor- und -nachteilen.

Umsetzung von Werten und Kultur
Entscheidend für eine Organisation ist nicht die Definition der Kultur oder ihrer Werte, sondern die sichtbare Umsetzung. Diese kann allerdings nicht (ausschließlich) durch Werbemaßnahmen und Marketing-Materialien erfolgen, sondern muss vom Großteil der Mitarbeiter und der Geschäftsführung (idealerweise von allen) verstanden, akzeptiert und vor allem gelebt werden.

Unique Selling Proposition (USP)
Unique Selling Proposition (USP) ist das Alleinstellungsmerkmal, das als Charakteristikum eines Produktes oder einer Businessidee zu einem Wettbewerbsvorteil generiert wird.

Up or Out-Prinzip
Das *Up or Out*-Prinzip ist ein in vielen angelsächsischen Firmen gebräuchliches Tool, das zwei Entwicklungsmöglichkeiten vorsieht: Entweder der Mitarbeiter zeigt ausreichende Leistung, um aufzusteigen, oder aber er muss die Firma (oder die Position) verlassen. Dadurch wird eine höhere Fluktuation ge-

wollt erzeugt, um Innovation und Leistung zu generieren. Kritiker meinen, dass erstens das Stressniveau dadurch künstlich hochgehalten wird, zweitens eine wirkliche Mitarbeiterbindung an das Unternehmen schwierig wird und drittens eine Unternehmenskultur schwierig aufbaubar ist, weil sie permanent starken Schwankungen ausgesetzt ist.

Uppsala-Modell

Das Uppsala-Modell beschreibt eine Markteintrittsstrategie zur Internationalisierung eines Unternehmens. Dabei richtet sich die Strategie danach, welcher Markt geographisch und/oder kulturell näher dem bisherigen Markt bzw. der Herkunft der Firma steht. Danach werden (geographisch bzw. kulturell) immer weiter entfernte Märkte erobert.

Wertschöpfungskette

Die Wertschöpfungskette ist der Veredelungsprozess einer Ware oder eines Dienstleistungsproduktes. Bei der Analyse der Wertschöpfungskette bestehen klassische Fehler darin, dass man Stakeholder nicht berücksichtigt und Organisationseinheiten zu spät oder gar nicht involviert werden, z. B. wurde und wird bei manchen Entwicklungen der Kunde oder das Marketing viel zu spät einbezogen! Prozesse und Systeme bergen Schnittstellenproblematiken und werden meistens erst angepasst, wenn die ersten Fehler im – oft ohnehin zeitkritischen – Projektstatus auftreten.

Literatur

Die direkt im Text referenzierten Literaturquellen sind **fettgedruckt**, die anderen für ein weiterführendes Studium gedacht.

Aaker, D.A. (1984), Developing business strategies, John Wiley & Sons, New York, 313–330

Adler, N.J. (1983), Cross-Culture Management: Issues to be faced, International Studies of Management and Organization, Spring/Summer83, Vol 13/1

Agami, A.M. (2001), Cross-border Mergers among Multinational Businesses, Multinational Business Review, Spring 2001

Ajzen, I. (1991), The theory of planned behaviour, Organizational Behaviour and human Decision Processes, Vol. 50, 179–211

Albrecht, A. (2016c), Leadership 4.: Virtuelle Organisationsformen, in: Jung, H.H. und Kraft, P. (Hrsg.), Digital vernetzt. Transformation der Wertschöpfung, Hanser Verlag

Albrecht, A. (2016b), Leadership in Change: Neue Kompetenzen für Führungskräfte gefordert, HR Performance Juli 4/16, www.hrperformance-online.de, datakontext

Albrecht, A. (2016a), Virtuelles Führen als kritischer Erfolgsfaktor in der neuen Arbeitswelt, PERSONALquarterly 1/16

Albrecht, A. (2014), Wunsch und Wirklichkeit der Generation Y, Unternehmeredition Personal (Vol. 5) Oktober 2014

Albrecht, A. (2014), From Complaint to Complement Care Management: Increasing new Loyalty in the Luxury Segment?, Luxury Business Report

Albrecht, A. (2013), in Kinza, K.: Shared Leadership, Markt und Mittelstand 12/2013

Albrecht, A., Albrecht, E. (2012), Was Führung in virtuellen Strukturen von klassischer Teamarbeit unterscheidet, Leadership, PERSONAL-FÜHRUNG 6/2012

Ansoff, I. (1969), Business strategy, Penguin Books

Ansoff, I., (1965), Corporate strategy, McGraw-Hill Inc

Armstrong, M. (1977), A Handbook of Personnel Management Practice, London, Kogan Page

Archie B.C. (1991), The Pyramid of Corporate Social Responsibility. Toward the Moral Management of Organizational Stakeholders, Business Horizons, July/August 1991, 39–48

Argyris, C. (1958), The organization: What makes it healthy?, Harvard Business Review, Nov/Dec 58, Vol. 36/6

Ashkenas, R.N., and Francis, S. (2000), Integration managers: Special times for special leaders, Harvard Business Review, Nov/Dec 2000

Belbin, R.M. (1993), Team Roles At Work, Oxford, Butterworh Heinemann

Bittlingmayer, G. (1988), Merger and the return to labor and investment, ISSN 0722-6748

Blake, R.B., Mouton, J.S. (1964), The Managerial Grid: The Key to Leadership Excellence, Houston, Gulf Publishing Co.

Bocij, P., Greasley, A., Hickie, S. (2003), Business Information Systems, Prentice Hall, Harlow

Borg, S.W., Johnston, J.W. (2013), The IPS-EQ Model: Interpersonal Skills and Emotional Intelligence in a Sales Process, Journal of Personal Selling & Sales Management, Volume 33, Issue 1, p39–51, 2013

Brenken, A. (2006), Die Globalisierung des Mittelstandes: Chancen und Risiken, KfW Bankengruppe, Feb 2006

Brown, L.D. (1983), Managing conflict at organizational interfaces, Addison-Wesley Series on Managing Human Resources, Reading, USA

Chhokar, J.S., Brodbeck, F.C., House, R.J. (2007), Culture and Leadership Across the World: The Globe Book of In-Depth Studies of 25 Societies, Lawrence Erlbaum Assoc.

Cooper, C.L. (1998), Theories of organizational stress, Oxford University Press

Copeland, T., Koller, T., Murrin, J. (1990), Valuation – Measuring and Managing the Value of Companies, McKinsey & Company Inc., John Wiley and Sons

Cullen, J.B., Parboteeah, K.P. (2008), Multinational Management – A strategic approach, 4e, Thomson, 2008 (Overview)

Dickmann, M., Müller-Camen, M. (2006), A typology of international human resource management strategies and processes, Int. J. of Human Resource Management 17:4 April 2006, 580–601

Doz, Y.L., Hamel, G. (1998), Alliance Advantage, Harvard Business School Press

Drucker, P.F. (1985), Management: Tasks, Responsibilities, Practices, Harper Perennial, 1993

Drucker, P.F. (1954), The practice of management, Harper PB, 1993

Dubois, B., Duquesne, P. (1993): The market for luxury goods: income versus culture, European Journal of Marketing, Vol. 27, Nr. 1

Europäische Kommission (2003), Empfehlung der Kommission vom 6. Mai 2003 betreffend die Definition der Kleinstunternehmen sowie der kleinen und mittleren Unternehmen, Amtsblatt der Europäischen Union, L 124/36, 20.5.2003

Fealy, L. and Compare, D. (2003), When worlds collide: Culture clash, Journal of Business Strategy, Vol.24/4, 9–13

Feiner, M. (2004), The Feiner Points of Leadership, Warner Business Books

Fombrun, C., Tichy, N.M., Devanna, M.A. (1984), Strategic Human Resource Management, New York, John Wiley and Sons

Gadiesh, O., Buchanan, R., Daniell, M., Ormiston, C. (2002) The leadership testing ground – Mergers may be truest test of great leaders, Journal of Business Strategy, March/April 2002

Ghemawat, P. (2001), Distance still matters – The hard reality of global expansion, Harvard Business Review, September 2001

Goffee, R. and Jones, G. (1996), What holds the modern company together?, Harvard Business Review, November/December 1996

Goleman, D., Boyatzis, R., McKnee, A. (2002), Primal Leadership, Harvard Business School

Grossman, R.J. (2007), New Competencies for HR, HR Magazine June 2007

Grossmann, R.J. (1999), Irreconcilable Differences, HR Magazine, April 1999

Grossmann, R.J. (2000), Paying the Price, HR Magazine, August 2000

Hall, R. (1996), Organizations: Structures, Processes, and Outcomes, Prentice-Hall: Englewood Cliffs, NJ

Hall, R. (1993), A framework linking intangible resources and capabilities to sustainable competitive advantage, Strategic Management Journal, 14(8)

Hall, E.T. (1990), The silent language, Anchor Books Edition

Hall, E.T. and Hall, M.R. (1987), Hidden differences, Anchor Books Edition

Hall, E.T. (1983), The Dance of Life, The Other Dimension of Time, Garden City/New York, Anchor Books/Doubleday

Hall, E.T. (1976), Beyond Culture, New York, Anchor Books/Doubleday

Hall, E. T. (1966), The Hidden Dimension, New York, Anchor Books/Doubleday

Hamel, G., Doz, Y.L., Prahalad, C.K. (1989), Collaborate with your competitors – and win, Harvard Business Review, Jan/Feb 1989, 133

Hammer, M., Champy, J. (2003), Reengineering the corporation, Harper Collins Publisher

Handy, C. (1976), Understanding Organizations, Penguin, 2003

Handy, C. (1996), Beyond certainty, Arrow Books Ltd, 87–92

Harrison, R. (1972), Understanding your organisational character, Harvard Business Review, May/June 1972

Hendry, C., Pettigrew, A.M. (1992), Patterns of Strategic Change in the Development of Human Resource Management, British Journal of Management, Vol. 3, No. 3, New York, John Wiley and Sons

Hersey P., Blanchard K. (1982), Management of Organizational Behavior, 4. Auflage, Prentice-Hall, New York

Heskett, J.L., Sasser W.E.Jr., and Schlesinger, L.A. (2003), The value profit chain: Treat employees like customers and customers like employees, The Free Press, New York, 2003

Heskett, J.L., Jones, T.O., Loverman, G.W., Sasser W.E.Jr., Schlesinger, L.A. (1994), Putting the service-profit chain to work. Harvard Business Review Mar/Apr 1994, 164–174

Hill, Charles W.L. (2008), International business, 7e, 2008

Hill, Charles W.L. (1990), An eclectic theory of the choice of international entry mode, Strat Mgmt J, Vol.11

Hofstede, G. (1991), Cultures and Organizations, McGraw-Hill International Ltd

House, R.J., Hanges, P.J., Javidan, M., Dorfman, P.W., Gupta V. (2004), Culture, Leadership, and Organizations: The Globe Study of 62 Societies, Thousand Oaks CA: Sage Publications

House, R.J., Javidan, M., Dorfman, P. (2001), Project GLOBE: An Introduction, in: International Association for Applied Psychology, Vol. 50, No. 4

ifm (Institut für Mittelstandsforschung Bonn) (2005), KMU-Definition der Europäischen Kommission, http://www.ifm-bonn.org/definitionen/kmu-definition-der-eu-kommission/

Johanson, J., Vahlne, J.-E. (1977), The Internationalization Process of the Firm. A Model of Knowledge Development and Increasing Foreign Market Commitments, in: Journal of International Business Studies. Vol. 8, No. 1

Jung, H.H., Kraft, P. (Hrsg.) (2016), Digital vernetzt. Transformation der Wertschöpfung, Hanser Verlag

Kaplan, R.S. and Norton, D.P. (2004), Strategy maps, Harvard Business School Business Publishing

Kaplan, R.S. and Norton, D.P. (1996), The balanced scorecard, Harvard Business School Business Publishing

Kaplan, R.S. and Norton, D.P. (1992), The balanced score card – measures that drives performance, Harvard Business Review, Jan/Feb 1992

Kent Beck, Mike Beedle, Arie van Bennekum, Alistair Cockburn, Ward Cunningham, Martin Fowler, James Grenning, Jim Highsmith, Andrew Hunt, Ron Jeffries, Manifesto for Agile Software Development, www.agilemanifesto.org, retrieved 15 Mar 2016

Kissin, W.D. and Herrera, J. (1990), International mergers and acquisitions, The Journal of Business Strategy, Jul/Aug 1990

Kumar, R (1999), Communicative conflict in intercultural negotiations: The case of American and Japanese business negotiations, International Negotiation Vol. 4, 63–78

Lasslop, I. (2002), Identitätsorientierte Führung von Luxusmarken, in: Meffert, H., Burmann, C., Koers, M. (Hrsg.): Markenmanagement. Grundfragen der identitätsorientierten Markenführung. Mit Best PracticeFallstudien, Gabler

Lev, B. (2001), Intangibles, Brookings Institution

Lewis R. D. (2012), When Teams Collide: Managing the International Team Successfully, Nicholas Brealey Publishing

Lewis R.D: (1996), When Cultures Collide: Managing Successfully Across Cultures, Nicholas Brealey Publishing

Luostarinen, R. (1979), Internationalisation of the firm, Acta Oeconomiae Helsingiensis Series A:30, Helsinki

Mead R., Andrews, T.G (2010), International Management, 4e, Wiley

Ohmae, K. (2004), Managing in a Borderless World, in: Bartlett, Ch. A., Ghoshal, S., Birkinshaw, J. (ed.): Transnational Management

Peters, T.J. and Watermann, R.H. jr, (1982), In search of excellence, Harper & Row Publishers, New York

Pfeffer, J. (1998), The Human Equitation – Building Profits by Putting People First, Harvard Business Scholl Press, Boston, Massachusetts

Phatak, A.V., Bhagat, R.S., Roger Kashlak, R. (2005), International Management: Managing in a Diverse and Dynamic Global Environment, McGraw-Hill Irwin, Boston, p. 236

Porter, M.E. (1990), The Competitive Advantage of Nations, HBR, Mar/Apr 1990,

Porter, M.E. (1985a), The Competitive Advantage of Nations, The Free Press: New York, 1985

Porter, M.E. (1985b), Competitive advantage: Creating and Sustaining Superior Performance, The Free Press: New York, 1985

Porter, M.E. (1980), Competitive strategy – Techniques for analyzing industries and competitors, The Free Press: New York, 1980

Prahalad, C.K., Ramaswamy, V. (2004), The future of competition, Harvard Business School Press, Boston

Rappaport, A. (1999), Shareholder Value, Stuttgart 1999

Schein E.H. (2004), Organizational Culture and Leadership, Jossey-Bass

Schein, E.H. (1993), On dialogue, culture, and organizational learning, Organizational Dynamics, 22/2, 40–51.

Schein, E.H. (1984), Coming to a new awareness of Organizational Culture, Sloan Management Review 26, winter 1984, 3–16

Schein, E.H. (1981), SMR Forum: Improving face-to-face relationships, in Sloan Management Review, Winter 1981, p 43–52

Scrum Alliance (2016), Scrum Alliance Code of Ethics, https://www.scrum-alliance.org/code-of-ethics

Shannon, C.E. and Weaver, W. (1963), The Mathematical Theory of Communication, University of Illionis Press

Sparrow, P.R. (2007), Globalization of HR at function level: four UK-based case studies of the international recruitment and selection process, Int. J. of Human Resource Management 18:5 May 2007, 845–867

Thompson J.L. (1990), Strategic Management, Thomson Learning, 2001

Tidd, J., Bessant, J., Pavitt, K. (2001), Innovation Management, John Wiley & Sons Ltd., Chichester

Torrington, D., Hall, L., Taylor, S. (2002), Human Resource Management, 5th edition, Pearson Education

Trompenaars, F., Hampden-Turner, Ch. (2004), Managing People across Cultures, Capstone Publishing, 2004

Tuckman, B. (1965), Developmental sequence in small groups, Psychological Bulletin 63 (6)

Tyan, J.G, Wang, F.K., Du, T. (2003), Applying collaborative transportation management models in global third-party logistics, International Journal of Computer Integrated Manufacturing

United Nations (2011), Department of Economic and Social Affairs, Population Division, World Population Prospects: The 2010 Revision, New York

Weaver W., Shannon C. E. (1963), The Mathematical Theory of Communication, Univ. of Illinois Press.

Stichwortverzeichnis

P

Autorenhinweis

Arnd Albrecht ist Professor für Internationales Management, Human Resource Management und Leadership an der renommierten Munich Business School.

Dr. Albrecht hat 20 Jahre Industrieerfahrung als Senior Manager, Internationaler Projekt-Manager, Strategie- und Change Management-Berater in internationalen Konzernen sowie bei mittelständischen Firmen.

Er hat an der TU München in Biochemie promoviert, BWL/Management in Henley/UK studiert und dort mit einem MBA abgeschlossen.

Dr. Albrecht ist zertifizierter Business Coach am Munich Business Coaching Institute und führt regelmäßig Business Coachings, Trainings und Beratungen von Führungskräften und Teams in der Wirtschaft durch.

Professor Albrecht ist gefragter Experte und Speaker in seinem Arbeitsschwerpunkt. Er befasst sich hauptsächlich mit der Frage der Interaktion von Organisationen und deren Entwicklung hinsichtlich Mitarbeiter und Führungsstilen. Forschungsthemen sind neue Formen des Leadership, besonders in virtuellen Teams, Diversity und Intercultural Management. Die Wirkung von internen und externen Employer Branding auf Mitarbeiter und Organisationen und Trendthemen wie die Veränderung der Generationen X-Y-Z hinsichtlich Motivation und Employability sowie neue Change Management-Konzepte stehen außerdem in seinem Fokus.

Werner Pepels

Krisenbewusstes Management

Krisenbewusstes Management befasst sich mit gestalterischen Optionen in den vier Stadien der Unternehmenskrise. Im Handlungsfeld Krisenvorsorge geht es um die Verhinderung der Entstehung von Krisensituationen. Im Handlungsfeld Sanierung geht es um die Gesundung des krisenanfälligen Unternehmens. Dabei werden die Formen der Finanzkrise, der Ertragskrise und der Vermögenskrise aufgegriffen. Im Handlungsfeld des Turnaround geht es um Maßnahmen zur aktiven Krisenbehebung. Ansatzpunkte dafür ergeben sich entlang der betrieblichen Wertkette. Im Handlungsfeld Insolvenz bleibt schließlich die Alternative der reaktiven Krisenbehebung. Dieser Band umfasst 15 Kapitel mit zahlreichen Abbildungen, Literaturhinweisen und Übungsfragen.

157 S., 38 s/w Abb., kart.,
19,– €, 978-3-8305-3412-9

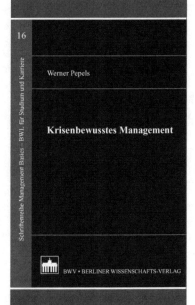

16

Werner Pepels

Krisenbewusstes Management

BWV • BERLINER WISSENSCHAFTS-VERLAG

Schriftenreihe Management Basics – BWL für Studium und Karriere

BWV · BERLINER WISSENSCHAFTS-VERLAG

Markgrafenstraße 12–14 | 10969 Berlin
Tel. 030 84 17 70-0 | Fax 030 84 17 70-21
www.bwv-verlag.de | bwv@bwv-verlag.de

Berliner
Wissenschafts-Verlag